GRAVITARE

关 怀 现 实 , 沟 通 学 术 与 大 众

江南困局

晚明士大夫的危机时刻

唐元鹏——著

SPM
南方传媒
广东人民出版社
·广州·

图书在版编目（CIP）数据

江南困局：晚明士大夫的危机时刻 / 唐元鹏著．—广州：广东人民
出版社，2024.7（2025.11重印）
　（万有引力书系）
　ISBN 978-7-218-17629-1

Ⅰ．①江…　Ⅱ．①唐…　Ⅲ．①知识分子—人物研究—中国—明
代—通俗读物　Ⅳ．①D691.71-49

中国国家版本馆CIP数据核字（2024）第107311号

JIANGNAN KUNJU：WANMING SHIDAFU DE WEIJI SHIKE
江南困局：晚明士大夫的危机时刻
唐元鹏　著

出　版　人：肖风华

书系主编：施　勇　钱　丰
责任编辑：梁欣彤　龚文豪
营销编辑：张腾飞　常同同　张静智
责任技编：吴彦斌
特约校对：刘小娟

出版发行　广东人民出版社
地　　址：广州市越秀区大沙头四马路10号（邮政编码：510199）
电　　话：（020）85716809（总编室）
传　　真：（020）83289585
网　　址：https://www.gdpph.com
印　　刷：广州市岭美文化科技有限公司
开　　本：889毫米×1194毫米　1/32
印　　张：7.75　　彩　插：4　　字　数：160千
版　　次：2024年7月第1版
印　　次：2025年11月第5次印刷
定　　价：78.00元

如发现印装质量问题，影响阅读，请与出版社（020-85716849）联系调换。
售书热线：（020）87716172

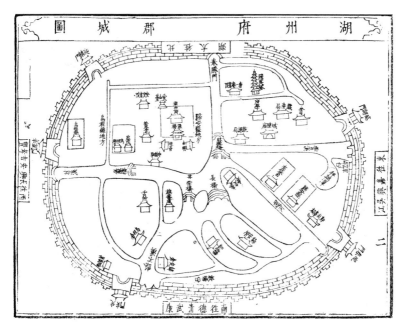

《湖州府郡城图》

出自〔明〕粟祁修，〔明〕唐枢编，〔明〕王道隆等校：万历《湖州府志》，明
万历间刻本

《湖州府州县境图》

出自〔明〕栗祁修，〔明〕唐枢编，〔明〕王道隆等校：万历《湖州府志》，明
万历间刻本

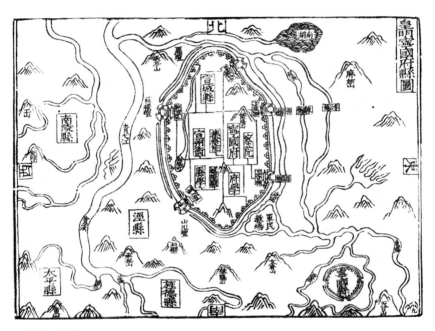

《宁国府县图》

出自〔明〕李默纂，〔明〕黎晨修：嘉靖《宁国府志》，明嘉靖十五年刻本

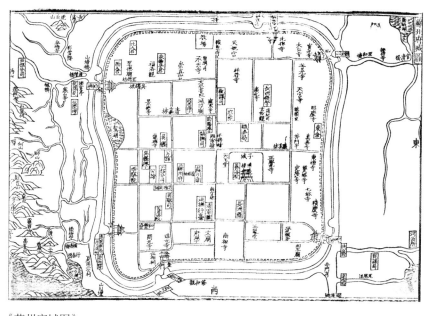

《苏州府城图》

出自〔明〕王鏊纂，〔明〕林世远修：正德《姑苏志》，明正德间刻本

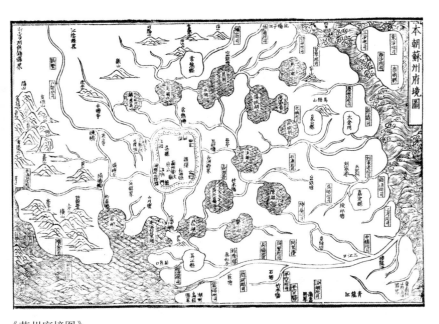

《苏州府境图》

出自〔明〕王鏊纂,〔明〕林世远修:正德《姑苏志》,明正德间刻本

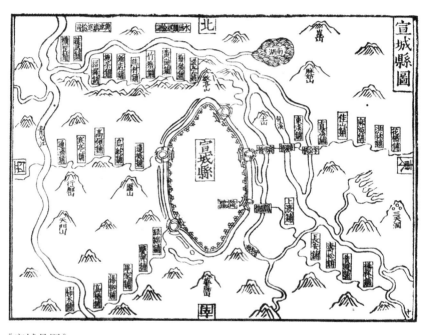

《宣城县图》

出自〔明〕李默纂，〔明〕黎晨修：嘉靖《宁国府志》，明嘉靖十五年刻本

目　录

前　言 ……………………………………………………… 1

第一章　被草民逼死的状元 …………………………… 5

一个家族的崛起　　6

行仁义真能换来投桃报李吗　　13

乡间邪火可以燎原　　18

祸从奴仆起　　21

浙江学渣逆袭成状元　　26

状元郎的穷途末路　　30

尚书反击战　　36

劫后余波　　39

第二章　一件扳倒熊廷弼的风化案················· 44

全国第二汤宾尹　45

督学江南有暗涌　52

督学打屁股，专挑东林士子　56

第一个徐氏之谜　59

杀人还看熊廷弼　65

两御史三大佬的倒下　71

尾声　78

第三章　董其昌豪宅遭强拆··················· 82

一段由婢女引发的民间曲艺　83

董家摊上了大事　89

第一天的攻防战　96

火烧董家楼　101

围绕士抄，两方爆发的政治角力　105

赢的不是董其昌　110

董其昌动了谁的蛋糕　118

第四章　被千刀万剐的学霸··················· 124

一个家族的艰难科举路　125

青出于蓝而胜于蓝　　131

深度卷入党争　　137

忤逆大罪，孰是孰非　　143

人设崩塌　　149

杀人的亡国之君　　154

是非功过转头空　　162

第五章　挖了宰相的祖坟……………………………………　168

狐假虎威的豪奴　　170

宜兴乡间的星星之火　　174

平息民变，陈氏背锅　　179

明为租佃，实则赋税　　185

挖周相国祖坟　　189

"胥吏均衡"的崩溃　　193

尾声　　198

第六章　让钱谦益为难的女人……………………………　201

从奴到官，鲤鱼可以跃龙门吗　　204

对一座祖宅的强取豪夺　　209

祝化雍自尽，留下复仇遗书　　216

王氏复仇记　　220

尾声　　226

参考文献·····························229

后　记·····························234

前　言

除了皇帝，大明朝谁最大？

关于这个问题，一千个人不会有一千种回答，答案有且只能有一个——士大夫。在大明二百七十多年历史中，科举出身的孔孟弟子组成了这个国家最有权势的阶层。

在朝，他们为宰辅，为尚书，为御史，执掌帝国权柄，把握国家的方向。某种程度上，老朱家的皇帝不过是他们股掌之中的吉祥物而已。

在野，他们是舆论，是规则，是秩序，掌握着城镇乡间的风云变幻，甚至府、道、州、县各级官员离了他们都无法生存。

士大夫简称士，其中为官者，即缙绅——原意指古代官员将笏板插在腰带上，构成了士大夫集团的上层。缙绅团体在大明朝，是顶层集团中的顶端，是"深层国家"里的深海，是大明的筋骨甚至脊梁。

按道理说，这样一伙人，拥有这个时代最广泛、最扎实的"合法伤害权"，从来只有他们欺负别人，什么时候听说过，他们会遭遇来自底层的戕害？

这本小书，就是要告诉你"意料之外"的"外"。当明帝国走向历史未有之大变局时，没有一个人是安全的。

朱元璋在总结王朝兴替时搞明白了一点：武将及世家大族是谋朝篡位的高危人群。所以，他为子孙剪除荆棘，去除开国功臣集团，又任用文官控制军队的后勤粮饷以制衡武将。

结果，经过上百年大浪淘沙，明朝的勋贵集团蜷缩在京城吃喝玩乐，退化成没有牙齿的老虎；而文官集团通过创造巡抚、总督、督师、经略等职位，成功地骑到了武将的头上，造成大明朝一品武将不如七品御史的畸形局面。

在成功赢得了天下权柄后，文官集团又进行内部洗牌，官员选用从明朝初年的荐举、荫庇、科举三管齐下，逐步演变成科举独大，科举之中又首推两榜进士、次推乡试举人的局面。

至此，大明皇帝终于可以安稳地坐在龙椅上，因为他知道，书生造反，十年不成。他还知道，天下没有百年不败的缙绅世家。与皇帝分享权力的士大夫们，整体看起来似乎无比强大，但细看单个家族却是眼见他起高楼，也眼见他楼塌了。

明朝自明英宗朱祁镇以降近二百年，都在这样的权力模式下运行。金字塔顶端的皇帝，被庞大的文官集团包围，文官乃至其背后的士大夫集团，控制着从农到商各个领域，几乎将帝国所有资源收入囊中。

明朝是个巨大的农业帝国，士与民在拥有土地，耕种土地，利用土地产出的粮、绵、麻、桑上孜孜以求，土地构筑起亿兆生灵的生存法则。

士大夫阶层又因拥有免税免役的权利，在经济上获得巨大利益，企图逃税免役的百姓，包括小商人、小地主，都带着土地投寄进士大夫家里，为奴为仆，这也是明朝土地兼并的一种方式。这导致明朝中后期，士大夫阶层中的顶级缙绅家族拥有的资源急剧膨胀，像嘉靖宰辅徐阶的家族，就坐拥几十万亩良田。

凭借政治、经济方面的巨大优势，缙绅集团在朝在野都高高在上、呼风唤雨。他们把持乡议，武断乡曲，以地方精英的身份维护着这个帝国的稳定，同时也维护着自己的利益。

但是，隆庆开海之后，白银源源不断地输入大明，那个在士大夫眼中平静安逸，而且他们自己可以只手遮天的古典乡土时代开始走向终结。

当时，全国经济文化最发达的江南地区，以纺织业及其衍生的贸易为龙头，形成了陶瓷、丝绸、布匹生产销售为一体的外向型经济。以雇佣劳动、无产营生为主的商业城市，吸引了大批人群围绕此间，他们有雇工、奴仆、讼棍、闲人，还有"黑社会"。工、农、奴、商各自为生，开始摆脱田亩的桎梏。

白银资本以无与伦比的威力，冲击着以土地产出为命脉的农业社会。在隆庆、万历、天启、崇祯朝短短七十多年间，中国社会的千年根基发生了不易察觉的动摇。

"湖州自嘉靖初以前，古风犹在。"何为古风？就是为富且仁，照顾孤弱，为贫也安，勤奋持家，大家维持着宗族礼法下的城乡秩序。但隆庆之后，士大夫印象中的古风不再吹拂。

在王夫之、顾炎武、黄宗羲等人眼中，明清易代的甲申之变是三百年未有之大变局，他们更多从政治、文化上思考这场变革。但他们都忽略了白银资本的力量，即隆万之间的"改革开放"为中华帝国带来的巨大冲击。

这种冲击直接导致官员与在野缙绅集团共治地方的秩序开始崩溃，属于科举大族、簪缨世家的丰饶时代也就此落幕。

本书选取了万历、天启、崇祯三朝六件祸事——"董范之变""荆熊分祖""火烧董家楼""郑鄤凌迟""扒宰相坟"和"王氏复仇记"。

读者们可以从中领略到，江南这片大明命脉之地，自隆万以降风起云涌的社会动荡。无论是才高八斗的状元探花，还是名满天下的老艺术家，甚至是一人之下万人之上的宰辅，那些曾经呼风唤雨的顶级缙绅家族，在官、绅、士、民、奴各阶层的生死缠斗中，一步步走向属于他们的献忠时刻。

第一章　被草民逼死的状元

人们想象中的晚明江南或许是这样的：有三秋桂子，有十里荷花；有一江烟雨，也有明朝杏花；有秦淮八艳，更有红袖添香……江南，既是富庶的象征，又是文明的表率。它在人们心目中的形象是知书达理，是情趣盎然；市井乡间，田园牧歌，总给人一派和睦息讼、恬静自然的印象。

但如果真这样想，你就大错特错了。

万历二十一年（1593年），浙江湖州有这样两家人，一边是一门四进士、家族鼎盛的董家，另一边是状元及第的范家。

董、范两家都是当地首屈一指的科举家族。董家家主董份，科举会试全国第五名，曾任大明朝礼部尚书；范家家主范应期更厉害，以会试第一百九十三名在殿试中实现惊天大逆转，成为状元。

两位国家级学霸，门生故吏遍布朝野，联姻势力盘根错节，家中良田华厦不计其数。但正是这样看似高高在上，处在社会最顶层的缙绅家族，却骤然跌落神坛，家破人亡。

是政治角逐中失败？是得罪皇帝遭逢大狱？都不是，祸起于田亩，乱伏于乡间。

一场从乡下燃起的变乱，让董家亿万家财在两年内被侵占十之八九，家中祖孙两位进士先后抑郁而亡。同时，事变还波及同乡范家，在民众冲击之下，范氏状元父亲与长子被逼自杀身亡。

看似无比强大的社会顶层家族，却一朝破灭，这大大超出了普通人对明朝社会的想象。在传统叙事里，这应该是一个达官显贵鱼肉百姓，哪里有压迫哪里就有反抗的故事。

但印象可能又错了，这场变乱的起因恰恰是董家新一代领头人董嗣成的爱民思想，以及与民让利的仁爱之心。

✧ 一个家族的崛起

嘉靖四十四年（1565年）六月，朝廷重臣董份被嘉靖皇帝罢官为民，结束了他长达二十四年的宦海浮沉。罢官的时候，董份的官职为礼部尚书、翰林学士，离入阁为宰辅仅仅一步之遥。这位雄心勃勃、一心钻营的明朝士大夫，心中的遗憾难以言表。只是，董份也该知足了，对像他这样被打入严嵩门墙的人来说，无惊无险，全身而退，已属天大的运气。

董份是浙江湖州南浔人士，在他之前董家默默无闻。家族自弘治年间迁来后，已历四代，一直是乡间普普通通的农家而已。但到他这一代，祖坟冒青烟，董份在嘉靖二十年（1541年）会试高中全国第五名，以殿试二甲第二名被赐进士出身，随后被选为庶吉士入了翰林院。

在明朝，能入翰林院的都将成为国家高级储备干部，只要没犯大错误，至少能当上侍郎，混得好了还可能入阁拜相。也就是说，董份与普通进士比，已经赢在了起跑线上。

不仅如此，董份还是一个非常会做官的人，嘉靖皇帝号称"神仙皇帝"，喜欢写青词——青词就是道家给神仙打报告的一种虚头巴脑的文章。在嘉靖朝想官运亨通，先要学会写青词，嘉靖朝几个有名的宰辅，如严嵩、徐阶都是个中高手。这位董大人恰好在这方面技能突出，因此凭着一手好词获得了嘉靖皇帝的认可。

会写青词只是敲门砖，关键还要上面有人，董份对此也很懂行情。当时朝廷最有权势的人莫过于严嵩，但他与严嵩非亲、非故、非同乡、非同年，想要攀上这尊大神也不容易。

怎么办呢？董份打通严嵩的手段堪称公关教科书。他首先找到同乡吴鹏，吴鹏是严嵩亲信、吏部尚书，董份作为后起之秀娶到了吴鹏的女儿，叫了吴尚书一声岳丈。

除了有岳丈引路，董份还结交了锦衣卫都指挥使陆炳。此人了不得，在嘉靖朝属于通天的人物。陆炳娘亲是嘉靖皇帝的奶娘，陆炳和皇帝从小玩到大，是嘉靖亲如兄弟的嫡系。陆炳祖籍湖州，正好给董份攀到了老乡，一来二去，两人熟络起来。

走通这二位之后，董份终于进入了严嵩的朋友圈。迈出这一步，董份的仕途也就一马平川了。他不仅最终做到了礼部尚书，还获得宫内骑马的特殊恩宠。不得不说，此人特别善于钻营，情商、智商都不是一般的高。

但官场上的事，有得必有失，他既归了严嵩门墙，自然也会得罪徐阶、高拱、张居正一方的清流势力。那么，当严嵩一党覆灭的时候，董份必定在劫难逃。

史载董份官声极差，无非是因为他依附严嵩，但具体干了什么坏事，还真不见于经传。这也说明在大明当官，做了什么不重要，重要的是你跟了哪个大佬，是哪边的人。

虽然不知道董份当官时干了什么坏事，但有一点是肯定的，就是他没少捞钱。作为一个普通农家出身的人，董份竟然能在退休之后置办了大量产业。

有传言说，董家的田地连着浙江湖州和苏南的吴江，超过两万亩。董家还开了典当行一百多处，传说每年光利钱就有数万两。家中奴仆千人，门下大船三百艘。董家不是一般的富，而是湖州府乌程县首屈一指的富豪。

乍看上去，董份简直是大贪官啊，得贪多少钱才能置办下这等规模产业。既然进了严嵩团队，董份肯定捞了一笔能让他财务自由的大钱，但有没有捞出如此庞大的产业就很难说了。

当时的缙绅家族，不一定非要贪腐才能发家致富。明朝士大夫可以获得优免待遇，也就是可以免除个人田产赋税和人丁徭役。像董份做到了礼部尚书，可以免除八百亩田地和二十四口人的丁役，其他功名的优免待遇依等级递减，即使是最底层的生员也有优免。

而且作为缙绅，特别是有名望的在乡官员，可通过"干请之书"，向地方官说事，这让他们有了与地方官平起平坐的地位，也有权"武断乡曲"。

科举家族手中有如此大的权力，乡间民众自然趋之若鹜，不少人会带田产、房产投献，在明朝，这种行为叫"诡寄"。如此一来，平民百姓可以免除赋税徭役，或打折（最少可以打九折）缴税，还能得到大户荫庇，不受别人欺负。

有的商人为了找保护伞，躲避徭役，也愿意带着买卖投入大户门墙。由此可见，董家的万亩良田、百家当铺、高达千人的奴仆，大多都是这种情况下得到的。

只是，要说民众主动投靠能让他累积到如此巨富，恐怕也难以服众。董家一家子都是读书人，没有人会做买卖，也没有人专门打理家业，那发家致富又有怎样的秘诀呢？此处先按下不表。

董份仅仅用了二十年，就让原本还是普通人家的董家成为当地数一数二的富家大户。人怕出名猪怕壮，嫌人富贵憎人贫，在传统叙事中，董份的所作所为是逃不过被批判的，贪官污吏、土豪劣绅、高利贷地主等名号，恐怕都能安到他头上。

因而当地有大量传言，有说他家中金银堆积如山，家中美女排列成行，家里夜夜笙歌，荒淫无度；也有说他家中豪奴欺男霸女，横行乡间，总之全家都不是什么好人。

但在同一个舆论空间，董份又有另外一个面目——居乡贤儒。董份归乡后，购置义田，建立义宅、义塾、义仓。义田、义宅可赡养族中孤苦无依之人，义塾可以让没钱读书的孩子进学，义仓可以救助灾荒。他还与其他乡贤仿照宋朝耆英洛社建立了逸老堂。董份的义举相当于为乡里、宗族建立了民间社会保障体系，这为他赢得了地方上的善名。

为富不仁还是造福乡梓，到底哪个才是董份的真实面目呢？很可能都是。有人谴责他的这一面，有人则颂扬他的另一面。仇家写的，极尽贬损；亲友记述，邀功讳过。对人对事的观察角度不同，也奠定了董范之变的基调。

上面说的夜夜笙歌、荒淫无度，换个提法就是董公好客。贵客临门，自然要设宴招待，晚明士大夫摆宴，席间有歌伎吹拉弹唱作陪，是再自然不过的了。就士大夫阶层而言，这是雅兴好客，而在嫉妒之人看来，可不就是生活奢靡无度吗？

请客送礼是自古以来的人情世故，情商超高的董份岂能不知。他不仅请客，逢年过节甚至不惜以"退休部长"的身份亲自到州府送礼，对地方官的礼数一点不差。董份如此会做人，当地的官员也很给面子，一直没有人胆敢找董家的麻烦。

已是名宦耆英的董份为何还要亲自出面搞关系？这反映了董家根基始终浮浅的客观事实。整个家族光靠董份一个人，要对付朝野的明枪暗箭始终有点势单力薄，想要迅速构筑势力，联姻也是好办法。董份自己就靠成为高官的乘龙快婿而发迹显赫，自然深谙此道。

于是，他先为儿子董道醇娶了同年进士茅坤之女；又把女儿嫁给了另一个同年、长洲徐履祥的儿子徐泰时，后来徐泰时与董份长孙董嗣成同科登第；董嗣成后来娶了徐阶次子徐琨的女儿；董份另一个孙子董嗣章（即董斯张）又娶了竹溪沈儆炌的女儿；董份的孙女还嫁给了董份门生、万历年间首辅申时行的儿子。

这一系列眼花缭乱的操作实在高明。与同年进士联姻可以巩固科举旧谊；与徐家联姻可以修复与严嵩对立派系之间的关系；与竹溪沈氏这样的簪缨大族联姻是攀龙附凤，可以借助外家的势力；与门生申时行联姻是亲上加亲，而且申时行儿子申用嘉是入赘到董家的，其中用意很明显，日后会有一大笔家产分给这个入赘女婿。后来申时行又成了董嗣成的座主，相当于座主复推座主，门生复及门生，循环往复，以图保持门楣不坠。

但关系网是关系网，在湖州这种智力浓度高的地方，进士、举人才是硬道理。所以董份家教甚严，子孙都一心追求科举。董份还在位的时候，董道醇参加乡试，陆炳就派锦衣卫缇骑护送入场，还高呼"某等奉大金吾陆公命送董公子入场"，这样的待遇，想不高中都难。

这份"重视"果然得到了回报。长孙董嗣成在万历八年（1580年）高中二甲第一名的传胪，比爷爷的科举成绩更进一步，赐进士出身；三年后，长子董道醇中进士；另一个孙子董嗣昭在万历二十三年（1595年）也考中进士。一门四进士，董家走向顶峰，终于打开了通向簪缨世家的大门。

明清时的科场经常会有这样的状况：一人得道后，家族一两代之内，进士便如雨后春笋般冒出来。比如申时行，在他之前申家默默无闻，等他大魁天下之后，长子申用懋、孙子申绍芳接连在万历年间考中进士。再如华亭徐家，最出名的是徐阶，高中全国第三的探花，但徐家也是从徐阶叔叔徐旒中进士后才开始发达的，徐阶发迹后，弟弟徐陟、长孙徐元春科场报捷接踵而来。

要么不中，要么一朝显贵全面开花，怎么就那么巧？到底有没有后门呢？这事真不好说。举一个例子，张居正也是张家第一个科举及第的人，而且在万历初年秉政，成为不是宰相胜似宰相的首辅。张家从此科运亨通，三个儿子张嗣修、张敬修、张懋修先后在万历五年（1577年）、万历八年（1580年）两届会试高中，张懋修大魁天下，张嗣修高中榜眼。

　　如此频繁地高中，还动不动就包揽冠亚军，说没有猫腻，谁信呢？！张居正死后，就有人揭发，张家几个儿子中进士都是人为操作的，于是几个人都被褫夺了功名。虽然案子充满了政治算计，但张家的确受过皇帝特殊对待，万历皇帝曾为酬劳张居正钦点张懋修为状元。

　　既然有例在先，董家的科场连捷也遭受诸多质疑。给事中刘道亨弹劾内阁宰辅张位时指控，董嗣昭之所以能考中进士，是因为董份给内阁行贿了二万两银子。但这事朝廷并没有追究，真实与否也无法证实。总之，靠着出了一位科举全国第五、官至礼部尚书的董份，董家就这样发迹了。

　　董份一生为家族操劳，即使退休仍然奋斗不止，这也是有苦衷的。虽然董家由他发家，但毕竟根基浅薄，移民到湖州乡里不过四代，没法跟同乡徐家、茅家这样的大族相较。明朝的地方家族倾轧非常残酷，如果不能根深叶茂，家族很可能在互相倾轧中败落。

　　就拿晚明另一个学霸汤宾尹来说，他在科举时高中榜眼，后来又成为宣党领袖、文化名人。但汤家同样家业浅薄，世代务农，直到汤宾尹时才崛起，可惜族中后继无人，且与同乡另一望族徐家互相倾轧争斗，因此，待家中明星故去之后，汤家难逃败落。

类似的事情在世家望族比比皆是的江南屡见不鲜。不经过三四代乃至上百年的成功经营，一朝显贵的暴发户又怎能成为根深叶茂的世家？

逆水行舟，不进则退，对董家而言，董份只是开创者，守业乃至二度创业的重任即将落在第三代——科举全国第四的董嗣成身上，但没想到，他做了一个违背祖宗的决定。

✧ 行仁义真能换来投桃报李吗

董嗣成从小就是"别人家的孩子"，公认的天才。他二十岁中举，二十一岁中进士，还是全国第四的传胪。说他是天才，不仅因为他精通儒家经典，写得一手漂亮的八股文，还因为他在星相、风水、中医、书法等诸多领域都有极高造诣。董嗣成属于那种四书五经、三教九流都玩得溜的全才。

虽然是天才少年，但在做官方面，董嗣成比起祖父就差远了。本来董嗣成的座主申时行跟他家是师生、姻亲关系，又是内阁首辅，如此天时、地利、人和，董嗣成本可扶摇直上。但他却偏偏是个"宅男"，在京为官时不愿跟人打交道，天天待在家里钻研那些旁门左道，申时行那里走动得很少。董嗣成任官十年，才混了个礼部主客司郎中，相当于今天的司局级干部。

与名声不好的祖父截然相反，董嗣成获得"直臣"美誉。所谓"直臣"，就是敢于上疏骂皇帝的大臣。其时，万历皇帝在立储问题上跟臣子杠上了，导致了"国本"之争。董嗣成作为正派官员参与谏诤，不为万历皇帝所喜。在万历二十年（1592年）正月，董嗣成又疏救被罢免的同僚，彻底惹怒了万历皇帝，被罢官回家。

祖孙二人官场际遇判若云泥，一个被视为奸臣，一个被视为直臣，无他，唯站队尔。董嗣成在"国本"之争里站在皇长子朱常洛这一边，被认为是正直、坚持原则的官员。

从董嗣成的爱好和性格来看，他是典型的官三代、富三代，无欲无求，坚持原则，颇有点三代出个贵族的意思。前面说过，董份对子孙管教极其严格，假如他真如人所评，人品不好，又怎能培养出这样一个品行高正的孙子呢？历史不能假设，总之，董嗣成身上倒是有几分世家子弟的人文气质。

董嗣成罢官回家，突然嗅到了一股非常浓烈的敌对气息，这股气息弥漫朝野，足以让他在心头亮起红灯。头一件糟心事落在祖父董份身上。在万历十八年（1590年），已经八十一岁的董份自知风烛残年，命不久矣，就开始为自己身后事做起了安排。

对于曾经位高权重的重臣，朝廷都会在其死后给予恤典，如辍朝致哀、给谥号、追封、赐祭、建祠、加荫后人等。对于明朝士大夫，恤典是非常重要的身后哀荣，既有虚名更有实利。实利如加荫后人，可以让家中科举不第的人直接当官；虚名则是为此人盖棺定论，比如一个人的谥号，是奠立历史地位的重要凭证。

董份是因为参与严嵩奸佞集团被贬的，一般来说很难获得恤典，但偏偏此时他的学生申时行是内阁首辅，这就让他有了操作空间。不等老师示意，申时行心领神会，命亲信浙江巡按御史蔡希周上疏请朝廷慰问一下退休老臣董份。这个动作一石二鸟，一是如果朝廷下旨慰问，那就说明董份已经获得平反，二是也为死后申请恤典奠定了基础。

只是，即使罢官二十多年，记恨董份的仍然大有人在。同殿为臣，都是千年的狐狸，你跟我扯什么聊斋？蔡希周的奏疏，立刻引起了对头的高度警惕。

很快，山西道御史万国钦跳出来反对。他上疏痛骂董份，从依附严嵩开始数落，到叱责董份退休之后聚敛田产，仗势欺人，奴仆数千，富比王侯，还说乡党们对其愤恨不已，敢怒不敢言。现在来请慰问，目的就是巩固侵占来的财富，还想为日后谋求恤典埋下伏笔。董份罪名没有平反，朝廷怎么可以慰问一个罪人？万国钦这份直言不讳的劾疏，果然让朝廷不再提"慰问"二字，恤典更是想都不用想。

这一番小小的斗争，对董份打击极大，个人荣辱倒是其次，作为起家第一代，恤典是他为巩固家族地位能做的最后一件事了，此时鸡飞蛋打，如何能不生气？最后，从中作梗的人也没好下场，董份一方势力使了点小手段，不出几个月，就把万国钦贬去了剑州做判官。

此番过招，暗流涌动。朝廷怎么会有人知道湖州乡情，还拿乡野之事来攻击董份呢？万国钦是江西人，也不可能清楚湖州的事，这里面必有猫腻，肯定有一些当地士大夫将董家在乡的争议捅到了北京。

一波未平一波又起。万历十九年（1591年），吴江县来了一位新任知县祝似华，新官上任就遇到了一些棘手的案子。董家有大量田产、生意在吴江，对于董份这个"外乡人"，吴江人的态度不太友好，见新知县到任，立马有人到县衙投告董家。

一开始祝似华比较谨慎，一直拖延处理案子。也许是因为没见声响，当地人就认为祝似华收了钱，于是编了个顺口溜："吴江劲挺一茎竹，才逢春雨便叶绿。青枝一夜透千梢，登时改节弯弯曲。""竹"就是"祝"的谐音；传言董家通过中人沈某向祝似华行贿，这位沈某号春雨，字叶绿；亲自去送钱的是董份的孙子董嗣成，嗣成号青芝，"青枝"是其谐音。祝知县确实处理过几件是非分明的案子，处理了几个为董家做事的奴仆，但这件事中董家到底有没有贿赂已经无从稽考。

总的来看，以上种种情况已经相当不正常了，董家觉察到敌对势力不依不饶的态度。董嗣成仍然希望为爷爷的身后事努力一把，想办法消除董家因财势产生的负面影响。

能怎么办呢？董份的一个罪过是参与奸佞集团，这已经是板上钉钉，无法洗脱；另一个罪过是他们家太有钱了，担上了"为富不仁"的骂名。

眉头紧皱的董嗣成想从古书里寻找古人的智慧，看能不能有所启发。没想到还真让他找着了——为什么不能学学冯谖市义呢？

冯谖本是孟尝君手下一个没什么本事、混吃混喝的食客。有一次，孟尝君想找个识数的人去他的封地薛城收债。冯谖自告奋勇，应下了差事，拿着一大堆欠条兴冲冲地到了薛城。只是冯谖没有收债，而是将那些欠条全部烧掉了，说大家都是乡里乡亲，钱不钱的无所谓，这是孟尝君给大家的恩惠。

薛城老百姓高兴坏了，齐声称颂孟尝君。孟尝君一下子损失一大笔钱粮，多少有点心疼，虽然面上不露，但还是把冯谖打发走了："先生仁义，该干吗干吗去吧。"

谁能想到，过了几年，齐王看孟尝君不顺眼，将他官职撸掉，贬谪回封地。薛城老百姓扶老携幼，出百里迎接孟尝君。到了这时，孟尝君才知道冯谖市义，是为他留下了狡兔三窟。

这个故事教人要学会收买人心，为自己留一个安稳的去处。董嗣成看到此处，不禁拍手叫好。这不就是最好的解决之道吗？他决定要做一回冯谖，把家中万贯家财统统散了。

董嗣成首先处理的是家中上万亩的良田。他终归只是个具有人文气质的富三代，没有冯谖烧欠条的大手笔。他想出的主意是，——找到家中田契原来的卖家，允许对方以当年售价的一半赎回田地。

在董嗣成看来，田地经过多年升值，早已经不是当年的低价，以当年价格的一半让原主赎回，是给原主巨大的让利，如此一来，大概耗费全部家财的十分之三。

这是个一石三鸟的主意，既能将招人嫉恨的田地无惊无险地散去，又不至于使家里亏损过大，兴许还能让赎回田产的乡党们感激一把。

不管董嗣成怎么看，都觉得这个计划十分完美。但是，在老而成精的董份看来，这不是一个好主意。

◇ 乡间邪火可以燎原

对于如何平息乡里的骚动，董份、董嗣成爷孙俩的看法是相左的。董份认为乡人贪婪，见利忘义，田产的事岂能用这种方式摆平？如果乡人要闹，告官就好了，董份认为孙子实在是不谙世故。

但此时董家由董嗣成当家，他最后拍板，把赎卖田产的计划放风出去。此时是在万历二十一年（1593年）的七月。

事情的发展很快就见了分晓，对董家来说，情况极其不妙——董份预见的乡人恶意四处蔓延。一开始，董嗣成处理了一些投诉，退还部分田地。但他的善意不仅没有获得民众的认可，还将越来越多的人裹挟进来，把更多的诉状投向官府。

此时，如果祝似华挑出一两份有明显瑕疵的诉状驳回，倒是能帮董家一把，但他面对如雪片一般的状子，不知道是自己怕了，还是有心让董家难堪，就将衙门里的诉状送给董嗣成。祝大人这一举动，相当于向外界宣布：官府不管了，各人冤有头债有主，该找谁找谁。

要知道，县官品级不高，但权力极大，在一县之中是可以翻云覆雨的人物，有句老话叫"破家的县令"，说的就是县官权力之大。

县官拥有司法和税收之权，如果要整谁，那是轻轻松松的。曾有这样一个故事，说某县官员与县中一个大户不对付，于是知县派人扔了一具尸体到大户门口，就此抓住大户不放，通过一系列的诉讼，把大户搞得家破人亡。至于赋税，大明的税倒没什么，但徭役厉害得很，一旦听差，百姓不仅要出人还得出钱，比如送粮，途中的运费要送粮的人承担，如果再遇到劫匪、天灾、虫蛀，税粮损毁，能让一家富户赔得底朝天。

所以别看祝大人不过区区七品，若肯为董家挡一下，形势会立马不同。但关键时刻，祝大人挂起了免战牌。他给董家送状子的举动代表了某种态度，顿时让从吴江而起的邪火越烧越旺，逐渐蔓延到了湖州。

民间突然有谣言流传，只要跑到董家闹，就能拿钱走人。于是，成百上千的人上门纠缠，要求还钱退田。有些人追溯到自家父祖时的交易，但既无中人又无契约；有些人追溯的房产原本连地基都没有，现下早已经过几度改造；有些人则显然是无赖，妄图空手套白狼，明明并无瓜葛，也想胡搅蛮缠，分一杯羹。

眼看事情已经失控，董嗣成只能闭门不出。但请神容易送神难，湖州百姓已经进入了广场效应，千百人围在董家门口不肯离开，终日咒骂、起哄。特别是那些无中生有、一心想坑蒙拐骗发一笔横财的无赖，更是上蹿下跳，不停煽动人们闹事。更有甚者，一些人抢了董家七座农庄，劫掠米粮无数。

如此大规模的群体事件，董嗣成不相信仅凭几个小流氓就能煽动起来。他打听到此番祸事是由三个人发动的，分别是戴大、蒋忠和邱涵。蒋忠、邱涵名不见经传，只知道董家的家奴与多名戴姓人氏有过银钱纠纷。

为了让人群平静下来，董嗣成特地在门上写下"悖入者返，不仇者尚"，意思是来找麻烦的滚蛋，好好说话的才给钱。董家大出血，满足了大部分人的诉求，最终散去了十分之二的田地，才让喧闹的门庭稍微平静。

但野火烧起来，哪能那么容易熄灭？明火火头不见了，却变成余烬在地面之下阴燃，一旦有机会，借点风又得烧起来。

这股东风在这一年的年底吹来了。浙江巡按御史彭应参到湖州巡视，状子又开始喷薄而出，不几日，已经堆满了彭应参的官船。

对于死灰复燃，董份一眼看出其中猫腻：民众看到告董家有利可图，都想分一杯羹；酷吏见接诉状可以牟取贿赂，无不染指其中。民有所求，吏有所图，好事者从中煽风点火，事情变得没完没了。

面对汹汹民情，彭应参立马向巡抚王汝训做了汇报。此事已经闹了半年，自从祝似华撒手不管后，各级官府一直当没看见。从王汝训日后所说的"不得不处"来看，显然，省里对这事早有耳闻，但之前一直冷眼旁观并没有第一时间灭火，现在火头起来了，才终于入局。

对于官府一直以来高高挂起的态度，董嗣成非常不满。他吐槽说："如果有关部门及时介入，事情何至于此？"那为何有司迟迟不肯介入呢？

浙江省里的态度很值得玩味。巡抚王汝训是山东人，巡按御史彭应参是河南人，他们与董家既没有科举同年之谊，又没有座师门生的关系，也就是说他们和董家没有太多瓜葛。

没有瓜葛倒也罢了，从王汝训职业生涯中的一段政争往事还能看出更多东西。吏科都给事中陈与郊是王锡爵门生，后又拜到申时行门下，气焰很盛。当时身为光禄少卿的王汝训屡次上疏揭发陈与郊受贿卖官之罪，但申时行保了陈与郊，却把王汝训调去了南京。

王锡爵、申时行，不都是董份门生吗？王汝训与董份的矛盾，不言而喻。

此时，彭应参稳坐钓鱼船，先是把案子交给湖州府推官谢肇淛审理。但谢推官跟董嗣成有交情，两人曾经诗词应和，他自然不会去蹚这浑水，数次拒绝审案。由谢推官的态度，也可以看出此事有多棘手。

无奈之下，彭应参只能把案子交给乌程县的知县张应望。张知县是南直隶高淳人，跟江南缙绅并无太多瓜葛，而且他在前一年才中进士，正是初生牛犊不怕虎的时候。张知县在接招的时候，自然要与领导讨教工作要点。彭应参的态度是，事到如今，只能"秉公办理"了。

于是，在张应望审理下，关于董家不法的事实越来越多地被揭发出来，而前文提到的，董家在短短二十年之内成为地方首富之谜，也逐渐浮出了水面。

◇ 祸从奴仆起

嘉靖四十三年（1564年）的某日，也就是董份被罢官的前一年，董家的家仆董椿带着人去钟应奎家。钟应奎一见董椿，眉头就拧成了"川"字——他知道这是来要账的。

钟应奎欠了董家一笔高利贷，董椿三天两头拿着借据来催债。这次，董椿放下狠话："你连本带利已经欠了一百两，杀人偿命，欠债还钱，总这么拖着，你让我如何给董尚书交代？"

钟应奎知道这回是躲不过了，说："但我没钱，能怎么办？"

董椿看了看钟家的房子说："这样吧，你把你家宅子和院子卖了不就有钱了吗？"

钟应奎听了这话，如雷轰顶：自家宅子连房带楼，还有一块四十二亩的庄园，都是祖上留下的产业，如何能卖了呢？

董椿威逼利诱："我也不让你吃亏，我找人给估个价，再找几个朋友一起给你凑凑钱，扣除你欠老爷的一百两，你还能拿着剩下的钱去别处买田地、房子。"

钟应奎抵不过，只能将田产、房产以低于市价的三百一十两卖给了董椿、董襈、董岳、董松几人。看名字就知道，他们都是董家的家奴。

董椿借着董家的势力从中渔利的事可不止一件。到了万历六年（1578年），他又听说乡人伊圻屏要变卖城关六亩地，就找上了门对伊圻屏说："我家主人董尚书，看上了你的地，你开个价吧。"

伊圻屏知道瘟神上门，没办法，只能开出一个价钱。董椿跟他讨价还价，最后议定了以七百九十两成交。

到了交易那天，董椿只拿来六百六十两银子，对伊圻屏说："董尚书说了，你这些地就只值这个价。"

伊圻屏虽然百般无奈，但胳膊拧不过大腿，最终只得忍气吞声，签字画押。至于少了的一百三十两银子，则被董椿贪污了。

董家另外有一个豪奴叫董和，比起董椿来，董和的手段更没有底线。万历二年（1574年），贫民潘彩家日子过不下去了，就求俞科为中人，去找董和借了五石米和二两银子。过了一年，董和来潘家讨债，潘彩正在粮船上做工不在家，董和讨不到钱，就将潘彩十岁的女儿潘小妹抓去抵债。潘彩的老婆气愤不过，上吊而死，导致家里襁褓中的婴儿因缺奶水而夭折。

潘彩回家后，面对家破人亡的惨况，肯定要去找董和理论。苦主毕竟死了人，董和不敢再逼迫潘家，就找中人俞科麻烦，把他告到了官府，俞科因害怕董和倚仗的势力，就把名下二十五亩地给了董和，了却这件麻烦事。但可怜潘彩还被判了诬告之罪，潘小妹自然也要留在董家为奴婢。仅仅借出五石大米和二两银子，董和却赢了两次。

这个俞科与董家也是八字不合。过了几年，他的亲家戴珊领了董椿的本钱做生意，结果买卖赔了。董椿逼戴珊还钱不果，又把俞科抓来。这次更惨，俞科被拷禁了三个月，被迫连坐还钱。俞科怎么都想不明白，为何自己那么倒霉，又碰上了董家，先后被勒索了百两银子才作罢。

像董椿、董和这样的恶奴，董家还有不少。万历十年（1582年）以后，秀才董鸣谦成了其中非常活跃的一个。这位秀才祖上是董家的奴仆，此时不顾自己监生的身份，也以董家奴仆身份鱼肉乡人。

他先是逼迫吴明将一所房子和九亩田地贱卖了八十七两，比正常价格低了三十两。万历十三年（1585年）时，他当了二百匹布给张君锡，然后借口房子漏雨打湿了布匹，讹了对方四两银子。后又仗势威逼乡人以七十两，即低于市价十两的价格出卖房产。万历十五年（1587年），董鸣谦又向黄袍动手，因黄袍欠了他十两银子，他就逼着人家将房子和地一并作价九十两卖给他，当然还要扣除十两债利银。过了一年，因为陆鲤相家的地与他家的相接，他又以十五两强买了陆家那一亩地。

无论董椿、董和、董鸣谦还是董禩、董岳、董松……一大批姓董的奴仆在乡里横行，聚敛财富。这些人的手段主要有这么几种：有人欠债还不上，就逼迫对方卖田卖房来抵债；或者强买强卖，逼迫对方低价让渡财产；抑或坑蒙拐骗，明火执仗地讹钱。

案件发生的高峰期在万历年间，也就是董份居乡之后，特别是万历十年（1582年）到万历十七年（1589年）。如果对照董家科举高中的时间，会发现董嗣成是在万历八年（1580年）高中传胪的，随后几年中，董家陆续有人入朝为官。这与家奴鱼肉乡里的高峰时期刚好重合，是巧合吗？

以上事件，董份是从来没有出现过的，在下面操作的都是董家的奴仆。这些人仗势欺人，强买强卖，既有为主家置办产业，也有为自己谋利益，甚至还有人从中渔利，贪污主家钱财。

由此可见，董家从普通耕读人家到地区首富，这些家奴功不可没。毕竟董家三代都是读书人，董道醇是家中独子，董嗣成几兄弟也都不善经营。那毫无疑问，这份家产主要是由家奴经营的。

说到董家奴仆，得先看看奴仆在大明朝是怎样的存在。

奴是元代蒙古人遗留下来的社会阶层，明朝的奴仆虽属于贱籍，但也不能被简单看作奴隶。明初，朱元璋曾极力禁止蓄奴，但政策是政策，风俗归风俗，很多达官显贵仍在蓄奴，上行下效，民间同样对此禁令视而不见，奴仆广泛存在于明朝的市井街头。但官府毕竟有这么一纸禁令，下面也要有所对策，为了避免官府的追究，很多奴仆会以养子、养女身份出现，被称为义男、义女、过继子、过继女。

他们在进入主家或者依附主家时，都会签订契约，上写："本男听从银主抚养成人，与伊婚娶，终身使用。"这些人的卖身契连买卖二字都没有，只是被引到某家，得酬劳银（实际就是卖身银），完美躲开了官府的禁令。很多奴仆或是从小被卖入主人家，或是家族世代为主家奴仆，所以才出现了像董椿、董和、董鸣谦、董禩、董岳、董松这样的名字。

到了明朝中后期，在南直隶、浙江、徽州等地，奴仆特别盛行，官宦人家蓄养一两个家奴也十分常见。这些奴仆也有分工，在家中帮工的称为家奴，租种田地的佃户为佃仆，做手工业的为雇工人。奴仆承担了主家大量工作，如家务事、农业生产、商业经营、手工业制作等。

做奴仆的，自然少不了被主家欺辱。双方关系不好的，主家打骂奴仆、淫人妻女、侵吞家财等事情比比皆是。因此，紧张的主仆关系往往容易引发奴仆的反戈一击，轻则逃亡不应差事，重则烧毁、抢夺主家家产，甚至聚众暴动。至晚明时期，奴仆已经成为地方的不稳定因素。

董家之变却不是奴变引起的，恰恰相反，正是因为董家的奴仆太忠心了。董家麾下得力的悍仆有五十多人，多以义子相称，董份对待他们非常好，自己吃肉，也不忘给奴仆喝汤。

董家的奴仆们购置田产，过着中产生活。同时，这些义子也非常忠诚地为董家卖命，协助主家经营田地商业。但从他们的所作所为可以看出，董家奴仆狗仗人势的现象非常突出，他们仗着董家的势力，对乡里乡亲威逼利诱，为主家惹下了不少怨愤。

董份知道自家奴仆惹了多大麻烦吗？他未必清楚。在给朋友的信里，董份写道："然自南还以来，兢兢处家，翼翼守法，未尝敢以一事得罪乡人，未尝敢有一字干涉官府，则天日在上，鬼神在傍，公论在下。"

在他的认知中，他自罢官回家以来，在乡里一向奉公守法，战战兢兢，从未得罪乡人。人对自己行为通常会有所辩护，但董份敢对着天地发誓，这种笃定，多少反映出他似乎真不清楚下面人的情形。也许在他看来，欠债还钱，还不上钱就要卖田卖女乃是天经地义的事吧，占理的事又怎么会引起民怨民愤呢？

董嗣成也把问题归结于民众的刁黠、贪婪："吴江之刁乃宇内所绝无者。"可见他完全没有意识到民愤来源于自家悍奴、豪奴对乡里的强取豪夺，提出的解决办法也因此治标不治本。解决问题的大方向错了，那么董嗣成越努力，形势只会越糟糕。

官府在审理董家诉状的过程中，又开始收到另外一些诉状。这些诉状令人十分迷惑，因为针对的不是董家，而是同乡另一户缙绅门第范家。范家的家主来头也不小，是大明立朝两百多年所出的八十九名状元中的一个——范应期。

✧ 浙江学渣逆袭成状元

万历十五年（1587年）的某日，南浔老百姓谢奎遇到一件糟心事。这天一早，一名残疾老人来到他家，一屁股坐在那不走了，跟他一起来的还有两个瘟神——陈份与范权。这二人上门一般都不会有什么好事，果然，他们拿出了谢奎的借据。

前一年，谢奎一时手头拮据，就向本乡缙绅大户范应期家大公子范汝讷借了五两银子，这银子可是高利贷，一年时间连本带利就变成了九两。陈份与范权是专门为范家处理债务的家奴，放到今天就是专业收债人士。

两人的催债手段果然不同凡响，特地拉来一位残疾老人，往谢家一放，如果谢奎不还钱，就相当于多了个爹，管吃管喝，有病还得抓药请郎中。谢奎可不敢往外轰，毕竟人是残疾的，有个三长两短，谢家吃得起人命官司吗？

谢奎从未见过这种手段，除了还钱别无他法。但有钱还不早就还了？他分明是没钱。被逼无奈之下，谢奎只得将自家四亩田地抵给范家。陈份对了一下价钱，又提出异议："你这田地还没纳税啊，由我来交税，那我不是吃亏了吗？不行，必须把田税算清楚。"

谢奎已经被逼得山穷水尽，哪里还能挤出一点油水。陈份说："行，钱没有，你人还在，来范家应差吧，也不要你多干，到范家做两年奴仆。"就这样，谢奎没了田地，还要给范家当两年奴仆。

陈份、范权与董和、董椿就是一丘之貉。只是这两人比董家家奴更坏，能想出残疾老人逼债的损招。

于是谢奎忍了七年，终于趁着巡按下乡的机会，将被范家逼得破家的情事写成诉状递了上去。大量关于范家的诉状纷至沓来，其中个别案情比董家的还过分，也引起了更甚于董家的民怨。

这位范应期是谁？由董家引发的野火怎么会烧到他身上呢？

范应期，字伯桢，湖州乌程县人，家境殷实，家中在他之前并没有出过科举达人。到他这一辈，家里无论如何也想让他出人头地。一开始，范应期的科举路并不顺遂。嘉靖三十一年（1552年），他参加浙江乡试，名落孙山；而后，又在岁考中被督学御史薛应旂置为劣等。看到这，似乎又是一个学渣被虐的故事。

范应期被一省督学活生生打脸，眼看想在科举大省的浙江出头已无可能，只能另辟蹊径。范家为他找到了一个办法——科举"移民"，不仅为范应期改籍到北直隶，还通过捐纳让他成为国子监贡生。

一个来自浙江的贡生，对北直隶的秀才而言，就算不是占尽优势，也是降维打击。果然，范应期时来运转，在顺天府乡试考中第七十名中举了。借着这股东风，范应期再接再厉于嘉靖四十四年（1565年）参加乙丑科会试。

放榜之日，范应期考中第一百九十三名。按理说，如此坎坷的科举路，走到这里，范应期已经心满意足了。从乡试和会试成绩看，范应期的水平也就那样，接下来的殿试只定名次不会筛选，那么三甲赐同进士出身将是他的最终定位。

殿试是科举的最后一关，因为没有落选，纯粹就是排名而已。殿试的策问卷会交由阅卷的大臣们轮流审阅，每人给卷子加"○""△""、""I""×"五种记号，最后将所有卷中得"○"最多的十本进呈皇帝。一般来说，阅卷官都会按照会试成绩前十名选出十份策问卷子，交给皇帝排名，皇帝再在这十个人里勾出状元、榜眼、探花。

但这是一般来说，偏偏乙丑科就不一般。嘉靖皇帝出题"损文而用忠"，范应期紧紧抓住一个"忠"字做文章，竟然杀入最后决赛，而且被嘉靖皇帝亲手用朱笔圈成第一甲第一名。

会试第一百九十三名的范应期完成了人生中最大的一次逆袭——状元及第。

范应期的机遇可谓时也命也。此番科举，正好赶上一个大事件。就在前一年，严嵩、严世蕃倒台，给嘉靖晚年的朝堂带来巨大冲击。所谓大奸似忠，嘉靖皇帝此时此刻，对"忠"字可谓百感交集，所以他才从数百份策论人中，挑出八竿子打不着的范应期，抬举为状元，这在大明两百多年的科举史中绝无仅有。

琼林御宴，簪花游街，范应期冲上了所有读书人都难以企及的人生巅峰。只是他所有的运气都在这次考试中用尽了，随后的官运一落千丈。从翰林院外放后，历经南京大理寺评事、寺正，南京太仆寺丞，南京尚宝司丞，直到隆庆六年（1572年）才调回北京，万历元年（1573年）改任右中允、经筵讲官，这让他成为才不过十岁的万历皇帝的老师。

但三年后，范应期又被发往了南京，一直混到万历十二年（1584年）十二月才当上了国子监祭酒。他中状元时已经三十九岁了，混迹了将近二十年，年近花甲才升到从四品，显然不可能再有更高的仕途。两个月后，范祭酒还被御史参了一本，万历皇帝对范祭酒不满，甚至下旨追问举荐他的人，要一起连坐。结果申时行出手帮了一把，范祭酒才没有被治罪，落得个提前退休的下场。

从范应期的整个职业生涯看，他大部分时间都在南京任职。明朝在南京任职的人，通常都是不被皇帝或者当朝权臣所喜，蹲冷板凳的角色。范应期致仕的同一年，同年中最有出息的沈鲤已经官拜礼部尚书了。

为什么一个及第状元在官运上比不过三甲第三名的沈鲤呢？原因有二。首先和沈鲤出身于簪缨世家，祖、父都是官宦有关，谁让范应期是范家第一代科举达人呢？其次，范应期一百九十三名的逆袭，是因为在殿论策问中搔到了皇帝的痒处，凭着一张策问卷，打败了从八股文的"尸山血海"中杀出的精英。如此投机取巧，岂不是侮辱了状元的金字招牌？范应期自然不为官场所容，如何能官运亨通？

大家发现没，范应期和董份有一个共同特点：两人都是家族中第一个通过科举做官的人。从零到一，本就是最难的。只是范应期的命运比起董份又有不如，董份做到过礼部尚书的高位，而范应期郁郁不得志，只混了一个国子监祭酒。

大大不如的不仅是官运，连财运范家也无法跟董家相比。董份长袖善舞，买田开当铺，收揽投献，二十年间混成了地区首富，且家中科举后继有人，一门四进士；反观范家只能在田地上孜孜以求，既缺少先发优势，又后继乏人，范应期长子范汝讷不仅没有走上科举之路，反而像个暴发户，急于敛财，引发了意想不到的祸患。

✧ 状元郎的穷途末路

今时今日有个流行词叫"坑爹"，在"董范之变"中，有两个被坑的爹，只是两人掉坑的路径截然相反。董份有个正义感拉满、具有人文气质的长孙董嗣成；范应期却有个科举无门的长子范汝讷。两家殊途同归，都掉进了民怨的深坑之中。

范应期总共有五个儿子，很可惜，全是纨绔子弟。长子范汝讷当家，因此对家中业务经常亲力亲为。与董家不一样，范家没做什么生意，更多的是聚敛田地。买田买地在那个时代不是什么问题，所有缙绅家族一旦发迹都有这样的需求。在他们身边也有一大群人想用田地去投靠，找个荫庇，也就是说他们想不发家都难，区别在于后代能否守住家业。

就拿徐阶来说，这位嘉靖、隆庆年间的宰辅就是松江府首屈一指的大地主。传说他家田地少则两三万亩，多则四十万亩，虽无确数，但他肯定是家业极其庞大的地主。其中有没有强取豪夺来的？肯定有。

后来海瑞巡抚应天时，徐家也遭遇乡人诉讼，同样被整得焦头烂额。海瑞逼着徐阶退田，然而徐阶门生故吏盈满朝野，迅速把海瑞搞了下去，地方民众没有官员撑腰，很快就作鸟兽散。徐阶退还了部分田地，保得家族安宁。

而范家的情况比较复杂，乡间对范汝讷的投诉不是从田地纠纷开始的，反而是因为一件家事。万历二十一年（1593年）三月，范汝讷的老婆李氏不幸病死，乡间上突然吹起一股妖风，说李氏的死不正常，她是被毒死的。有人撺掇李家去闹事，于是引发了民间对范家的围攻。刮往范家的风暴，是与董家之乱同时发生的。

李氏之死引发的围攻，主要焦点落在范汝讷身上。拔出萝卜带着泥，关于田地的纠纷也被捎带出来，情形和董家大同小异，都是些利用债权强迫对方卖地还钱，或者在买卖中由价钱高低产生的龃龉。

当地舆论对范家的评价更差，说范应期对家中奴仆管理严苛，对邻居刻薄寡恩，豪富不如董家，但平时结下的仇怨却多于董家。且范氏并没有像董家那样积极退田，引起了更为惊悚的变故。

这一年的十二月，在彭应参来湖州巡视之前，南浔爆发了一场针对范家的群体事件。丘邦卿、俞时行为首，召集了李露、李朋、朱渭、倪容、吴潮等约百人，这伙人鸣锣开道，举起白裙做大旗，闹闹哄哄地围了范家的宅子。从参加的人看，有李姓家人参与其中，因此事情发端仍然可能是李家来找范家，为闺女横死的事讨个说法。

围攻范宅是范氏之变的第一个高潮。这伙人冲入中堂，一番闹腾，范家好不容易才把人送走。至于过程中发生了什么，就是一桩罗生门。范家控告这些人为暴民，说他们拆毁了范家房屋，砍光了范家祖坟的树木，还杀猪宰羊，在家中开席，这帮暴民吃饱喝足又骚扰内眷，导致怀孕的侄儿媳妇因惊吓而死。按察司审理之后却做出了对范家不利的判罚，认为范家指控完全不符合事实。

此时，要劝退民众，范应期只能忍气吞声，他答应众人会亲自到官府应诉。随后，范应期到按察司衙门出庭对质。在官府不支持己方控诉的情况下，他审时度势，承认了几个案子，其中就涉及围攻范宅的主要组织者丘邦卿、俞时行。

范应期所应的案子并没有欺男霸女的情形，如与丘邦卿的纠纷，就是丘邦卿父亲丘凤将自己十亩湖荡卖给了李露、李朋的父亲李铎，另外丘家又将房子卖给了吴卿，最后房子和湖荡又分别被转卖给范应期。这完全就是正常转卖，但最后范应期认栽，退还了十亩湖荡。

本来事情到这，范应期忍忍，风头说不定也就过去了，但状元郎到庭对质，承认自己理亏，愿意退田退钱，这是迫于形势才做出的姿态。但面子已经被摔到地上了，这口气让范应期如何能咽得下？

复仇的机会很快就来了。没几天，彭应参下乡巡视，范应期就向彭应参控告暴民闹事。

民乱在地方官看来是比经济纠纷大得多的事。万历二十二年（1594年）正月二十日，巡抚王汝训将围攻范宅的主犯抓了起来，判了丘邦卿徒徙充军之罪。这也是官府平息民乱的传统做法——只抓主犯，余者不究。

过去千百年平息民变都是如此，不可能让发动群体事件的人全部平安躲过，否则朝廷维稳的基石就会被动摇。好了，事已至此，应该结束了吧，但又有人不干了。

地主老财如此嚣张地反攻倒算，不行，必须将这股气焰打掉——一位秀才陆梦豪挑动丘邦卿父亲丘凤，还有章真、金凤等数百人，提出八十四份诉状，把范家的几个奴仆陈份、范权等一起提告。

到了二月，民情汹涌，官府有点吃不住劲了。于是，巡抚行牌，按察司抓人，将陈份、范权抓捕到案，捎带把同样引起民愤的董和、董椿也抓起来。

王汝训、彭应参此时的态度也很明显，就是通过打压大户来平息地方情绪。但除此之外，他们并没有弹压地方，也就是没有控制民众的行动，他们的动作反而还鼓励了民众私下的行动。

事件再度发酵后，范应期相当消极，一直躲在湖州府的宅子里不敢回乡。这种缩头乌龟战术，导致民间的声势愈演愈烈。对陆梦豪等人提出的田产纠纷，范家只能采取退让态度，一而再再而三地退还田产。

敌退我进，乡里愈加觉得范家好欺负。一些地痞流氓闻风而动，充作中人上门勒索，拿了钱后自己贪污，不还给原来的苦主；乌程县的胥吏也来分一杯羹，如工房典史沈锡威胁范家，范家只能掏出六十两银子打发了事。

此时范家已经取代董家成了风暴眼，所有的矛盾都集中到这边，几乎所有人都扑上来对范家撕咬一口。

直到三月二十七日，围攻走向了第二个高潮。这一天，被四方勒索搞得心力交瘁的范汝讷，终于承受不住压力，在家中服毒自杀。

范汝讷一直是事变中心，事情最早就是从他妻子病死而起的。其后，民众控诉范家纵容家奴鱼肉乡里，而家中主心骨范应期又避祸城中，只剩下范汝讷独自支撑，他所承受压力之大可想而知。陷入无穷焦虑中的他，也只有一死了之。

只是范汝讷自杀并没能为范家解困，反而导致多米诺骨牌一一崩塌。范家奴仆俞朝、范庚和朱顺等人"反水"，勾结李露、李朋跑到范家要账，还开口辱骂主家，勒索钱财。

有他们开头，奴仆陆应时也翻脸不认人。他先后拿了范家将近二千两银子去开当铺，谁知道经营不善，把钱赔光了。陆应时只能用自家一座房屋作价九百七十两抵债，范家免除了剩余银子。范家又将房屋抵卖给沈家，得银七百五十两，剩余二百二十两让沈家写了欠条。但随着范氏之变爆发，陆应时立马变了嘴脸，跑到沈家讨了欠账后就藏下了钱，声称不会还钱给主人。

范家奴仆们不仅"反水"，甚至不尊重主人，而董家奴仆在整场动乱中都还算忠诚。由此可见，范家人缘根基的确比董家浅，奴仆反噬主人，银两损失事小，侮辱性却极强。

昔日状元郎范应期颜面丢尽，加上白发人送黑发人，精神也处于崩溃状态。家人、宾客发现范应期精神恍惚，有轻生的念头。范妻吴氏多次劝阻，但于事无补。

万历二十二年（1594年）五月初九，吴氏外出取茶叶，家仆范策也出去吃饭，家中只剩下范应期一人。六十七岁的老人枯坐家中，无论如何也想不通，自己家人也死了，钱也赔了，为什么他们仍然不依不饶？老状元长叹一声，心如死灰的他将三尺白绫挂到房梁之上，自缢而亡。

范应期自缢，是这场乡间巨变的第三个高潮。在一场声势浩大的"打土豪、分田地"的运动中，科举家族范家的两位主心骨被逼死，群氓获得了巨大的胜利。但正当他们"宜将剩勇追穷寇"之时，事情再度发生了一百八十度的变化。

◇ 尚书反击战

与白丁的范汝讷不同，范应期是退休官员、前朝状元，这样一位缙绅被暴民逼死，是了不得的大事。

明朝退休官员通常被称为缙绅，是乡间非常重要的力量，对于维持地方稳定有着举足轻重的作用。过去两百年来，这些身具功名的缙绅们形成了一荣俱荣、一损俱损的利益共同体。范应期被逼自缢，其影响之大，相当于在湖州引爆了一颗核弹，这颗核弹的冲击波冲垮了浙江，也波及了京城。

范应期死后，范家第一时间报官，这给了从知县到巡按再到巡抚等一系列官员极大的震撼。彭应参与王汝训先后上奏解释情况。王汝训指责范家没有阻止家仆鱼肉乡里，进而引发民变，范应期自尽也是家中逆仆所致。但作为浙江省一把手，王汝训必须承担领导责任，只能引咎辞职。彭应参在奏疏中的立场与领导保持高度一致，也是把责任推给逆仆。

两份奏疏写得冠冕堂皇，将自己的干系一推了之。只是，说范应期被几个悖逆的家奴给逼死了，这不是侮辱全大明读书人的智商吗？刑部也不傻，回复说："范家这些奴仆与范应期有主仆名分，即使再强悍无状，范员外若非迫于必不可胜的势力，内心有吐不出来的苦水，何至于背弃妻儿去寻短见？"

显然，刑部中有支持范家，或者与浙江官员不对付之人。正常情况下，退休官员稍加手段控制住几个家奴易如反掌，怎么可能无缘无故被对方逼死？肯定是某种可以压倒范家的势力介入，为家奴、刁民撑腰。

内阁代表皇帝回复道："范应期是致仕大臣，纵然有重大罪过，也应该奏闻朝廷再做定夺。现在闹出人命，中间必有重大隐情，不能将所有罪过都推到逆仆头上。"最后批示，浙江巡抚、巡按要进行公正、严格的调查。

紧接着，吴江知县祝似华非常敏锐地从这个批复感受到了最顶层的态度，他终于冷静下来，想了想一年来发生的事：此事引发民变，导致退休大臣自杀，已不可能善终，作为"始作俑者"的他，无论如何是没有好下场的。于是祝似华把心一横，挂冠堂上，不辞而别。

事情闹到这个地步，本来处于极度劣势的董、范两家终于看到了一丝曙光。董份到底是老而成精的政客，非常清楚范应期自杀为两家带来了千载难逢的机会，此时绝不能束手待毙，必须反击。

董份盘算，如果自己简单上书，就又会被卷入朝堂不同派系的纷争中，特别是董家在朝中还有一些政治对头，所以董家绝不能出手。现在风暴眼在范家，于是董尚书亲自前往范家，拜祭范应期，并与未亡人吴氏如此这般合计一番。两家议定，开始实施绝地反击。

范应期下葬后，未亡人吴氏与次子范汝和便消失于湖州乡下。正当人们猜测母子二人的去向时，千里之外的北京，突然出现一位浑身缟素的妇人——她带着儿子跑到紫禁城鸣冤去了。无从得知吴氏有没有直接去长安右门外敲登闻鼓，但她一纸诉状直入大内，直通皇帝，而这份诉状就是出自董份之手。

这位曾经在万历皇帝幼时当过三年讲官的老师，在皇帝心中未必有多重要，否则不会因为一个小罪就被罢免回家。但发生在范应期身上的变故，足以让皇帝坐不住。对于江南地方屡次出现的生员、平民冲击在乡缙绅、官府的事变，万历皇帝早有警惕，此番导致状元级别的退休官员上吊自杀，地方气焰之嚣张已经冲击到大明的统治基础。

皇帝特地批复："按臣彭应参既膺宪职，不能激扬一方，乃敢大肆贪婪，听信奸吏，倾陷儒臣，致死二命；王汝训巡抚两浙，该当与伊申理，反扶同饰词代辩，委任何在？著革职候勘。彭应参及乌程县知县张应望，著锦衣卫拿解来京究问。"显然，吴氏喊冤的诉状，内容直击彭应参因贪腐收受贿赂，才对范家下毒手。

除了明面上的诉状，董份也给在京的亲友门生打招呼，疏通内外，在京中掀起了要求严惩浙江官场的舆论热潮。

此事闹到如此田地，甚至直接波及整个士大夫阶层的核心利益。读书人十年寒窗，不就图个金榜题名、封妻荫子吗？如果退休后，连基本的身家性命都保不住，那一辈子的努力岂不白费？保护退休官员的利益，也是大部分朝野官员共同的诉求。

彭应参和张应望被逮到北京后，与之相善的官员也出手搭救。德高望重的吏部尚书孙丕扬上疏道："皇上啊，不能因为妇人一句话，就把负责执法的大臣抓了，倘若日后在乡官员再被人提告，那地方官还敢不敢受理呢？应该查明真相再说。"

孙丕扬是朝廷重臣，万历皇帝给他面子不做申斥，只把奏章放在一边不搭理，但对其他人就不客气了。刑科给事中王印上疏救彭应参，皇帝正在气头上，斥责王印结党，降一级外调任用；南京户科给事中伍文焕再上疏救彭应参、王印，这次皇帝干脆把王印革职为民，伍文焕被罚了八个月工资；南京福建道御史章守诚再来，又被罚工资。

万历皇帝还亲下口谕："彭应参着革了职，刑部拟罪，张应望着送镇抚司打着问了来说。"很少能看到，皇帝亲自下旨把官员送到镇抚司拷打问罪的。皇帝的雷霆震怒已经溢于言表，下面就秉承领导指示办事吧。

刑部尚书赵焕给出调查报告，说湖州民间田土纠纷非常复杂，仇恨很深难以调解，导致范家父子双双自杀身亡，张应望有收受贿赂之嫌。最后判彭应参革职为民，张应望发往烟瘴地永远充军，巡抚王汝训也被罢官解职。此时，已经是万历二十三年（1595年）三月初二了。

朝廷对董范之变的处理，隐隐约约藏着政治派系倾轧的暗线。此时正处在万历中期，全面党争虽未激化，但朝廷中的派系斗争已露苗头。这场发生在吴江、乌程的事变，横跨南直、浙江两省，但结果是浙江一系被连根拔起，而南直那边的官员却安全着陆，这里面又有什么玄机？

✧ 劫后余波

前文提到，浙江巡抚王汝训、巡按御史彭应参属于董家的对头政治派系。范应期夫人吴氏与董份妻子同姓，有人提到董、范二家有亲戚关系，或许确有其事。范应期被罢官的时候，是申时行从中说和，才免了范应期罪责。也就是说，范应期和董份在政治上属于一系，或者关系比较好。那么范应期遭受王、彭二人的打击，就说得过去了。

南直隶这边，巡抚朱鸿谟老谋深算，派出苏州府推官袁可立处理案子。袁可立是晚明出了名的能吏，而且更重要的一点是，袁可立与董家有一定关系，他的老师陆树声是董份同年。此处的老师可不仅仅是科举的房师座主，袁可立曾寄读于陆树声家中私塾，陆树声是正儿八经教过袁可立的老师。

朱鸿谟派出袁可立来解局，有没有考虑过其中错综复杂的关系？已经无从稽考。但袁可立处理手法得当，也使吴江的局面一直处在可控范围内，没有激化出更大事端。南直隶一系的官员也得以在朝廷争斗中平安度过，唯有祝似华挂冠而去罢了。

还有一点很值得玩味：事件发生前，彭应参已经得罪过万历皇帝。万历二十一年（1593年），浙江发生旱灾，彭应参上疏为民请求酌减税收，并行救济，朝廷准了。但一个月后他又上一疏，请求酌免上贡给大内的袍段。这个请求就让万历皇帝火大了，"上厌其渎请，不允"。彭应参也是耿直，如此触万历皇帝的逆鳞，其后遇事又如何能有好下场？

彭应参是河南人，后来他与董份、范应期的故事被改编成豫剧《七品芝麻官》，直到今日仍在传唱。

这一场因为"斗地主"而展开的湖州民变，最终以对立双方两败俱伤告一段落。皇帝没过多久就给范应期恤典，也就是董份梦寐以求的身后待遇。范家人虽亡，但总算没有破家，在皇帝的直接干涉下，范家的劫难算是结束了。

但董家的厄运仍在继续。折腾了两年，被内忧外患闹得身心疲惫的董份已经病入膏肓。万历二十三年（1595年）三月初三，就在刑部做出判决后的第二天，八十五岁的董份也走到了生命尽头。临死前，他对董嗣成说："我死后，坟前千万别写我之前的官职，丢不起这个人，就拿三尺白布在上面写'耐辱主人'就够了。"至死仍然因所受屈辱而愤懑不平。

朝廷接下来往浙江派了新的官员。刘元霖任浙江巡抚，调查事情原委后上了两份奏疏，辨清了乡民所讼之真伪，确有冤屈的给予伸张，浑水摸鱼的给予斥责，事情终于渐渐平息下来。为此，董家家财几乎散尽，只剩十之二三。

办完爷爷的丧事，董嗣成心中气愤难解，仍然给亲友故旧写信，认为事情虽然平息，但首恶奸徒仍然逍遥法外——说的就是戴大、蒋忠和邱涵三人。但此时官府好不容易稳定了局势，不肯再节外生枝。

董嗣成胸中这口恶气吐不出来，在董份去世后没多久，也郁郁而终，时年三十五岁。同一年，董嗣昭在进士登科五十天后去世。董家一门四进士的盛世就此落幕。

经此大变，董家家道中落，一蹶不振。到董嗣成四弟董斯张成人时，家中房屋已被奴仆侵占，却无力讨回，前后不过十年而已。

纵观事变始终，实在难说董家犯下了什么大罪。毕竟董份有过兴建义仓、购置义田的善举，虽然为官名声不好，但在乡到底是一副乡贤模样。而董家收购田地、典当放债的经营手段，在当时的乡宦中也很常见。诚然，董、范两家有纵容奴仆收债、强取豪夺的行为，但纵容与唆使是两码事，事件始末，无一人指控两家有唆使行为。还有一部分恶事是两家奴仆为自己获利而做下的，这种情况两家未必知情。奴仆在晚明的境遇是一个复杂的问题，他们可能受主家压迫，但更多时候，是仗势欺人的代表。

相比起来，董家引起的民怨不如范家。范应期对奴仆严苛、对邻里刻薄，最后导致众叛亲离，这也是他种下的恶果。而且在民怨激起之初，董嗣成愿意主动退田，这在当时已经是值得称道的举动了。

吴江知县祝似华在给上司的报告中也说："董氏的财产有限，刁民之贪欲无穷，今虽竭其一家之财，不足以塞州竖之欲，虽罄其一家之产，不足以副无已之贪。"以祝似华前前后后的态度看，他说出这话，是有一定客观性的。

因此，董家从头到尾都不觉得自己做了什么十恶不赦的坏事。反倒很多争端，是由一些好事之徒，如地方闲散生员、无产流氓引发的。乡间的贪婪、阴谋交织在一起，变成滔天之势，淹没了董、范两家。

与董家有姻亲关系的沈儆炌在给新任浙江巡抚刘元霖的信中，讲了当时一些情况，多少反映了客观事实："自此刁横成风，攘夺四起。房屋已经交割买卖后，原房主还来占住；田产交割清楚后，原地主也来占种。已经发过誓画了押签订文书，转头就不认账；现银交易成色交验清楚的，又来扯什么债务利益。""除了出言恐吓，还一哭、二闹、三上吊，纠集人马上门殴打侮辱。如果人还没聚集，就四处散布匿名大字报，吹哨'摇人'。特别是一些交易已经完成了三四十年，却突然找来要后账；有的已经辗转了三四道手，还来敲诈。"

在这场事变中，既有空手套白狼的地痞无赖，也有两头渔利的胥吏，这也反映了当时江南地方的民风变化。董份的朋友李乐说："湖州自嘉靖初以前，古风犹在。"何为古风？就是为富且仁，照顾孤弱，为贫也安，勤奋持家，大家维持着宗族礼法下的城乡秩序。

这场事变，代表着过去缙绅与官员共治乡间的秩序开始崩溃，属于科举大族、簪缨世家的丰饶时代也就此落幕。

董范之变结束了，但整个江南社会的动荡刚刚开始。万历初年以降，由田地、房产引发的尖锐对立不断发生，整个江南进入了多事之秋。在这里，官、绅、士、民、奴各个社会阶层，将不断被卷入你死我活的旋涡之中。

第二章　一件扳倒熊廷弼的风化案

万历四十年（1612年）的江南阴云密布，一件疑案，两个徐氏，三个家族，四名御史，五位大佬（孙玮、许弘纲、顾宪成、熊廷弼、汤宾尹），各方势力相互撕扯纠缠，迸发出巨大的能量，将上至朝廷重臣、下至生员的一应人等卷入旋涡。

这是一场没有赢家的角力，为后人展示了晚明一幕典型的江南乱象：欺男霸女、海淫海盗、无事生非、颠倒黑白……既有地方生员兴风作浪，又有科举家族相互倾轧，更有朝廷政治派系的明枪暗箭，谁都不可能全身而退。

在这个故事里，主角是遍布江南城乡的生员，俗称秀才，他们以蓝袍大王自居，在乡里"纵横捭阖"，轻则诉讼，重则煽动乡里，聚众闹事。

这一次，引发城乡秩序崩坏的江南生员，将遭遇晚明一代名将、连努尔哈赤也头疼不已的对手——熊廷弼，这位因辽东战争而名垂青史的大神，竟然在江南的小河沟里翻了船。

一切的故事，还要从第一位大佬——榜眼汤宾尹讲起。

◇ 全国第二汤宾尹

万历三十九年（1611年）三月的北京战云密布，朝堂上不同派系正斗得你死我活。年近八旬的老冢宰孙丕扬此时斗志昂扬，决心要在今年的吏部京察中一洗朝野吏弊，还大明朝一个朗朗乾坤。

所谓京察，也称为"大计"，就是每六年一次对在京官员的KPI考核，看其工作完成得如何，为官是否廉洁公正，个人品格是否优良，是否持守孝悌之道……本来官场一片和谐，官官相护，京察更多是走过场。但到了万历朝，特别是中后期，因为党争抬头，京察突然变得认真起来，逐渐成为党同伐异的工具。

万历三十九年的京察也称"辛亥大计"，主持大局的是大明朝的"组织部部长"——吏部尚书孙丕扬。这位自诩清流的老人家，虽然是陕西人，但向来与号称中正之士的东林诸君相善，特别是和被称为东林党党魁的顾宪成、赵南星是老铁。

日后御史卢承钦在《东林党人榜》里把孙丕扬与东林核心人物邹元标并列，冠以"土木魔神"之大名，可谓"器重"。为何他们如此痛恨孙丕扬？皆因孙丕扬曾在万历二十三年（1595年）主持外察时坑过浙党。如今他老而弥坚，前度刘郎再任冢宰，而且他的副手是陕西乡党吏部右侍郎王图，这样的搭配自然让非东林党人心惊胆战。

其时，浙党大佬沈一贯已经去职，当朝的阁老是被视为东林党人的叶向高、李廷机，可谓"众正盈朝"，东林党摩拳擦掌准备大干一场。

只是，非东林党的官员不会坐以待毙，既然东林结党占了先机，其他各路人马也不甘落后，纷纷搞起了小圈子，比如南京国子监祭酒汤宾尹。

汤宾尹可了不得，他是万历二十三年（1595年）乙未科的会试第一，是为会元，仅仅在殿试差了一点屈居第二，成了榜眼。作为全国数一数二的学霸，汤宾尹才高八斗，不仅自身"高才远识，博学厚志"，还特别好鼓励后进，广收门徒，经常开科举"补习班"，出版应试范文书籍。他对年轻士子关怀备至，问无不答，人赠世号"汤宣城"。

这位盛名在外的榜眼郎身边逐渐聚拢了一批官员，中正之士把围绕在他身边的势力，以汤宾尹家乡宣城冠名为"宣党"。哪些人是宣党呢？按照《明史》列出的名录，如果说宣党都是宣城人那就相当勉强，因为从籍贯来看，浙江有七人，北直隶有二人，四川有二人，湖北一人，山西一人，真正的宣徽人士不过一人。总之，聚集在汤榜眼身边的是一批来自北直隶、湖北、山西、江西、广东这些朝中无人关照的"闲散人等"。

在那个时代，文采名气很重要，汤榜眼能让这么多天南海北的人进入他的朋友圈，可见他的名望、情商不是一般的高，所以以贬阉扬东林为基调的《明史》会认为他"阴为之主"，反对东林。

中正之士还认为，齐、楚、浙党中，齐人亓诗教、张延登，楚人给事中官应震、吴亮嗣，浙人姚宗文、御史刘廷元等人也和汤宾尹暗通款曲。

同行是冤家，世界上最怕的就是抢饭碗。东林党以东林讲学成名，以学识、品行吸引天下士子之心；汤榜眼照葫芦画瓢，而且有全国第二的大名在身，无论是应试八股文，还是写诗作词，都是文坛领袖一般的人物。东林党这边的人物明显不够分量，科举名次最好的也不过是全国第五［万历八年（1580年）庚辰科二甲第二名］的顾宪成。

汤榜眼名气大、组织能力强，能在后沈一贯时代，将非东林人士拧成一股绳对抗东林，自然成了政敌的眼中钉、肉中刺。擒贼先擒王，这一届京察就拿汤榜眼开刀。通常名气越大的人是非越多，孙丕扬很容易就找出了汤榜眼一件不体面的事。

万历三十八年（1610年）的庚戌科会试，主考官是吏部右侍郎萧云举，副主考官是另一位右侍郎王图。汤榜眼当了个同考官，相当于会试阅卷组成员。

这一届的考生里，有一个叫韩敬的浙江归安举子，他的卷子本来由另一位同考官徐銮批改，徐老师认为韩敬的卷子不行，已经将它扔到不及格的筐子里。汤榜眼也不知道是有意还是无意，偏偏来到徐銮这里串门，又偏偏看到了这份卷子，然后他悄悄地把这份卷子收起来，带回去把涂抹的墨迹清除，将它举荐为本房第一。

这种操作在科举里叫"拾遗"，也叫"搜落卷"，但一般是主考官、副主考官才有此权力。比如名臣熊廷弼，当初参加乡试时也落卷了，但被主考官冯上知搜落卷，超拔为解元。汤榜眼作为一个同考官本没有这权力，但近年来，为了扩大选材面，有时候科举主考官也会给予同考官一些通融。

但此处，汤宾尹相当于把卷子偷出来，然后涂改墨迹，再拔为第一，不管怎么看，他做得都不地道。所以，担任知贡举的礼部右侍郎吴道南知道这事后，立马和汤榜眼争了起来，但知贡举一般而言只负责考场事务，不负责阅卷，一时间两人僵持住了。

主考官萧云举、副主考官王图脸上是大写的尴尬。虽然有点不合规矩，但汤宾尹名气实在太大，不仅是榜眼，还是当世八股文的名家，出版过数不清的科举文集，可谓著作等身，天下学子竞相传习。放到今天，汤宾尹相当于黄冈密卷、考公题集等赶考必备书的作者，他说好的卷子，你说不好，如果外间知道了，到底谁丢脸？

所以，无论古今，高考成绩都非常重要，萧、王二人都只是三甲同进士出身，在全国数一数二的汤宾尹面前实在是相形见绌。最终，他们只能忍了，默认了汤榜眼的操作。

两位主考官服了软，但吴道南也是万历十七年（1589年）己丑科的堂堂榜眼，和汤宾尹彼此彼此。吴榜眼想要去告发汤榜眼，但叶向高提醒吴道南："这事使不得，你是晚辈（万历十七年进士），萧、王是前辈［万历十四年（1586年）进士］，你要是强出头，他们两人就相当于失职了，你也会担上排挤前辈的嫌疑。"

于是，吴道南退缩了，让了汤宾尹一步，韩敬被排在了第一名上交内阁审议。两个榜眼神仙打架，但萧、王二人实在咽不下这口气，就在试录中写道："两臣才望浅劣，不足为重，以后请以阁臣莅事，庶几成体。"大意是说他们两人没有才德，以后还是请内阁辅相来当主考官吧，他们俩丢不起这人。由此，王图与汤宾尹彻底结下了梁子。

这事还没完。殿试时，读卷官们会根据会试排名将答卷排出前十名，再呈给皇帝选出前三名，也就是状元、榜眼、探花。于是，经过殿试，内阁调整了排名，排第一的是一位大名鼎鼎的人物——钱谦益，就是那位娶了柳如是，一生闻名遐迩的晚明文坛领袖，最后在清军攻克南京时，嫌水太凉不肯投河殉国的钱谦益。

看到这里，旁观者大概明白是怎么回事了吧。"众正盈朝"的内阁把钱谦益这名东林后辈提拔为第一，而代表了非东林势力的汤宾尹拼了老命也要提拔浙江人韩敬。这哪里是科举，分明就是两方政治派系的角力啊。

这场暗战，最终由万历皇帝一锤定音——他点韩敬为状元，马之骐榜眼，钱谦益摘得探花。

以上是《明史》根据文秉《定陵注略》"庚戌科场"条写成的故事。

在这个版本里，汤宾尹是违规了，他不该也不能跑到徐銮房里偷卷子，还涂改一番。但明代类似事情，真不能只听一边的说法。这事就有另一个版本。汤宾尹说，他批改完自己房内卷子，就溜达到徐銮房中，徐銮说已经有了本房第一了，汤宾尹看了觉得还行，但又翻了几份卷子，突然看到一篇文章，觉得写得非常好。

他和徐銮一起鉴赏，看着看着，两人拍案叫绝："这篇不得了，给他第二名都对不起列祖列宗。"徐銮无奈说："我这已经选出第一了，怎么办呢？"汤宾尹说："不选他太可惜了，要不这样，我房的卷子没有比这好的，不如给我吧。"

然后两人一起找到了萧、王，主考官也大赞这篇文章，齐集诸位考官一起欣赏，然后定其为第一。谁能知道揭开名字，竟然就是韩敬？但卷子摆在那里，能不能得第一，全天下人都可以评判。

为什么这事搞出了两个版本？到底哪个版本是真，哪个为假？毕竟把他房黜落卷子捡起来顶上第一，与同徐銮一起将未决之卷顶上第一，性质上有着天渊之别。

这事应是汤宾尹所说版本靠谱一些。为何？毕竟在闱中两个主考官眼皮底下涂改试卷，还把一份被黜落的试卷顶上第一，太不合常理，即使汤宾尹名气再大，也不能这样胡作非为啊。

另外，徐銮同年曹学佺日后给徐銮写的祭文里也说，是徐銮对韩敬的卷子拿不准的时候，汤宾尹看到了，并且极力称赞，徐銮便将此卷让给了汤宾尹。从徐銮、曹学佺两人的政治取向看，他们都是亲近东林的官员，没有动机为汤宾尹辩白，因此这个旁证是可信的。

但这一事件的后续更是峰回路转——事后有人举报状元韩敬与汤宾尹有师生关系！据文秉的《定陵注略》所说，当年汤宾尹家宣城发生了民变，汤宾尹跑到杭州躲避，无人搭救，情况颇为凄惨。后来他遇到了浙江士子韩敬，韩敬因敬重汤宾尹，因而以五十两银子为代价拜师学艺，两人遂成了关系亲密的师徒。

汤宾尹并不否认韩敬是他的学生，但他言之凿凿，说自己只是因为卷子好才搜了，并非徇私。但是，为何偏偏是他的学生？岂不知，瓜田不纳履，李下不整冠？

这事一开始倒没什么，汤宾尹还是圣眷正隆，高中后没多久升了官，成了南京国子监祭酒。但到了隔年的辛亥京察，萧云举、王图终于有了报仇的机会。

因为对家来势汹汹，汤宾尹的门生、同为陕西人的王绍徽担心老师吃瘪，连忙找同乡王图关说，把汤老师好一顿夸。但王图之前吃的那口窝囊气怎么可能咽得下去，一下子便顶了回去。

最后，孙丕扬主持大计，给汤宾尹定了一个"不谨"的评语，所谓"不谨"，就是不谨慎，可以说他在会试强迫两位主考官提拔会元是不谨。就因为这个评语，汤宾尹的乌纱帽被摘了。而为老师关说的王绍徽，也以年例之名被外放做官，相当于贬出了京城。

看着老大被贬，团结在汤宾尹身边的"闲散人等"群起弹劾主持大计的孙丕扬、王图等人。朝堂上顿时尽是明枪暗箭，"闲散人等"爆发出强大的力量。结果，王图侄子被发现在县令任内贪赃枉法，导致王图被劾去；孙丕扬承受不住压力，第二年也告老还乡。

这场因为一张落卷引发的公案，加上辛亥大计，成为党争开端的重要标志。东林党与对立的齐、楚、浙、宣等派系撕破脸皮，开始了全面战争。

汤宾尹被贬，回到了江南繁华之地，天天与朋友们喝酒吟诗，倒也好不快活，这时他的一位好朋友、故事里的第二位大佬出现了，就是当时已经在南京当上南直隶督学御史的熊廷弼。

虽然熊廷弼不承认与汤宾尹相交，但叶向高证实两人关系不错，当时汤宾尹被贬，待在家里，与熊廷弼相交甚欢，相逢恨晚。从两人政治面貌来看，熊廷弼跟汤宾尹的确有可能成为老铁，"铁"

到什么程度呢？御史荆养乔说，熊廷弼会为汤宾尹杀人。

✧ 督学江南有暗涌

熊廷弼，湖广武昌人士，万历二十五年（1597年）湖广乡试解元，第二年会试被赐三甲同进士出身。他先后任职保定府推官、工部主事、辽东巡按。日后他还两度出任辽东经略，成为晚明对抗清军的名将。

万历三十九年（1611年），巡按辽东的熊廷弼刚刚结束了第一次辽东任职。此前三年，他在条件艰苦的辽东吃糠咽菜，为朝廷效犬马之劳，而和他一同外放的官员有的已经经历三职了。朝廷不能总让老实人吃亏，因此开始考虑给熊廷弼一个美差，慰劳一下辛苦了三年的他。

给熊廷弼什么官职呢？都察院左副都御史许弘纲提出，让熊廷弼任北直隶督学巡按御史。作为一省解元，熊廷弼当个"教育厅厅长"自然绰绰有余。北直督学可是美差，毕竟回到了天子脚下，且肩负选拔人才的重任。

但是，有人不想他入朝，靠近朝廷中枢。吏部最终发出调令，任命熊廷弼为提督学校巡按南直隶监察御史。那么，这中间发生了什么事，让本可入朝的熊廷弼，被发往了南京呢？

万历三十九年（1611年），党争已经如星星之火蔓延开来。熊廷弼虽然远在辽东，但也无法独善其身，很快就被卷入这个大染缸里。熊廷弼在最初的政治生涯里，多与东林同路人有交集，比如乡试的恩师冯上知。但是随着京察以及李三才保举案发生，朝廷中开始了激烈的党争，各路官员也要各自站队。熊廷弼与楚党大佬郭正域的关系，让他的政治立场清晰起来。

熊廷弼金榜题名之后，与同样出身湖广的官员相交，甚至与礼部侍郎郭正域成了儿女亲家。郭正域非常欣赏熊廷弼，作为同乡、宦途前辈、儿女亲家，自然给予他很多帮助与支持。

万历三十二年（1604年），郭正域因为得罪了当时的首辅沈一贯被弹劾，之后一直闲居家中。但他素有刚正不阿之名，且在经济工作上颇有能力，朝野内外都非常推崇他，不少人希望他能被起用，入阁拜相。

但郭正域有个死对头，也是他和熊廷弼的老乡段然。当时，段然是南直隶的给事中，因为担心郭正域入阁对自己不利，就动了心思。万历三十七年（1609年），东林党人正谋立漕运总督凤阳李三才入阁，这与郭正域形成了对立关系。敌人的敌人是朋友，段然也站到了推举李三才的一边。

推举李三才是万历朝党争的一件大事，东林党与非东林党就此进行了长达一年的争斗。在此纷争中，东林党的在野大佬顾宪成给叶向高、孙丕扬写了私信推举李三才，信件被阴差阳错揭发了出来。在这关键时候，一个归隐林泉的官员，竟然可以直通内阁辅臣，议论内阁人选任命，这还得了。顿时举朝大哗，非东林官员开始团结起来，疯狂上疏，参李三才的、参顾宪成的都有，称顾宪成"讲学东林，遥执朝政"，"东林党"的称谓便由此而起。最终，李三才被弹劾丢官。

推举李三才和辛亥京察，通常被认为是东林党作为政治势力开始发力，同时引发了明末党争的标志性事件。

李三才推举案发生的时候，熊廷弼也因另一件事和段然产生了矛盾。段然弹劾兵科给事中胡嘉栋，熊廷弼上疏为胡嘉栋辩解。这是熊廷弼第一次卷入党争，虽然没有直接攻击到东林的核心力量，但也得罪了一批中正之士。郭正域与胡嘉栋这两件事让熊廷弼身不由己地从最初的政治立场，倒向了东林的对立面，在这个阶段，熊廷弼也被认定为楚党一员。

于是，在熊廷弼接下来的任职问题上，段然下了绊子。他伙同一党的王图、胡忻等人，劝说孙丕扬把熊廷弼放到江南去。段然的理由是，只有熊廷弼这样的大杀神，才可以扭转江南越来越败坏的士子风气。

江南的士风出了什么问题，以至于要派人专门去应对呢？那是因为到了晚明时期，各级生员已经成了社会毒瘤，这颗毒瘤不断长大，已经到了足以破坏旧秩序的程度。

此外，南直隶学风很盛，诸生人数虽无明确记载，但南直隶某年参加乡试的人数曾达到六千多。基数庞大的生员，如果考不中举人，便形成了市井间一股巨大的游手好闲的势力。他们都穿着蓝色儒生服，因此被称为"蓝袍大王"。

隆庆、万历年以降，江浙一带经济非常发达，城市工商业蓬勃发展，社会形态为之改变。过去万般皆下品，唯有读书高，但随着工商业发展，商人地位逐渐抬头，数量庞大的士子以自身一些特权与商人逐渐形成了某种联盟。这种联盟对以农业为主的地方社会秩序形成了巨大冲击。

日后，顾炎武评论道："（诸生）即思把持上官，侵噬百姓，聚党成群，投牒呼噪。至崇祯之末，开门迎贼者生员，缚官投伪者生员……呜呼！养士而不精，其效乃至于此！"士风大变之下，士子们凶蛮刁悍，仗着有功名，动不动就搞社会运动，频频在地方闹事，包围官府，甚至焚毁缙绅的宅子。

包围官府是指，万历三十一年（1603年），苏州知府周一梧为人刚狠，不受当地士子摆布，因而被称为"周欲刚"。府考时因秩序不佳，周一梧逮住一名生员打了十大板，结果诸生起哄，酿成骚乱，数百生员聚集起来砸门闹事，以至于周一梧被冲进来的生员殴打。堂堂知府寡不敌众，只能抱头鼠窜，最后熬到半夜换下官服悄悄溜回了府衙，才能脱身。

在社会的正人君子看来，士子们利用自己身份，成为市井乡间各种势力的代理人。贪财者挑动官司、争讼牟利，成了讼师；贪色者欺男霸女、淫乱闺帏；还有的投靠缙绅人家，作为家奴欺压百姓，横行乡里。

江南"蓝袍大王"的骚动早就引起了朝廷的关注，万历皇帝针对江南士风特地批示："近来士风薄恶，屡次生事。提学官还严行约束，有司官也著秉公正己，以服人心。"

就在这么个大环境下，朝廷想扭转士风，就特别需要一个有本事的人去镇场子。于是段然怂恿孙丕扬："您看南直隶那种地方，文艺范十足，必须得有个文坛健笔去镇场子，而且士风这么剽悍，还得是个杀伐果断的主。您看熊廷弼是解元，而且巡按过边疆，文武全才，岂不是督学江南最好的人选吗？"

孙丕扬深以为然，自以为找到了最合适的人选，当即拍板——就熊廷弼了。本来两直的督学需要会同都察院和礼部选举，但孙丕扬生怕别人反对，直接做出决定。

熊廷弼督学江南这段故事在历史记载中就是这样的，但这里有些不对劲的地方。这到底是怕熊廷弼入朝威胁某人，还是有别的目的呢？南直隶是所谓中正士人东林党的大本营，士子学风的问题也主要出现在东林党的地盘上。明知道熊廷弼与东林党不对付，还要把他放到南直隶，用脚指头都能想到他会和东林党产生怎样的矛盾。

这一招有非常浓重的阴谋味道，目的是让两方政治势力鹬蚌相争。事实上后面的故事就是这样发展的，熊廷弼与江南士子唱了一出《六国大封相》。

✧ 督学打屁股，专挑东林士子

万历三十九年（1611年）夏天，熊廷弼赴南直隶上任。此番，他面对的是非常复杂的地方。南直隶几乎囊括了江南所有膏腴之地，辖十四府、四个直隶州、十七个州和九十七个县，人口三千万，这里也是全国生员最多的地方，到了万历后期，一场乡试就有六千余人参加。

督学的主要工作是巡视各地学府，主持岁考、科考，总之就是负责南直隶的教育工作，所有与科举相关的人和事都归他管，地位相当于今天的教育厅厅长。但因为在直隶这种重要地方任职，所以南直隶督学御史比其他省的学政更重要，其奏章可以直达皇帝。

熊廷弼的到来，吓得整个南直隶鸡飞狗跳。他在边疆的声望，以及为人严明刚正的盛名，一时间让江南士子收敛不少。

熊廷弼首先面临的考验就是辖区内的岁考。岁考是对各府诸生，即廪生、增生、附生等，也就是秀才进行考试，以决定谁有资格参加省举人考试——乡试。按规定，考试分六等，一等、二等给赏，并且有资格参加乡试，三等正常，四等要责罚，五等降级，六等直接革除生员资格。

熊廷弼新官上任三把火，要以"严峻"的风格，在岁试中杀杀江南士子的傲气。他的原则是，必须看诸生的品行，没有品行的人就没有真才实学。

熊廷弼还是一个工作狂，一天能批改两百份卷子。他大举提拔贫寒士人，罢黜许多乡绅、官员的子弟，其中涉及许多东林子弟。

《定陵注略》里讲了一个故事：熊廷弼到常州监考的时候，某公子年仅十六，在考试时因为行为不当，被熊廷弼绑了起来，然后一顿棍棒伺候。这个秀才的父亲某公，看熊廷弼如此不给面子，异常气愤，闯入学府，将儿子救了出来。乡绅们连忙调停，才把事情糊弄了过去。

这个秀才的父亲是谁呢？敢冲进学府抢人，捋熊廷弼的虎须可不是一般人。《定陵注略》里没明说，但肯定是常州簪缨世家中的一员。

熊廷弼斗志昂扬，又要与这个故事中的第三个大佬顾宪成打上一架。接下来的岁考，熊廷弼竟然把顾宪成的长子顾与淳给黜落了，也就是剥夺了顾与淳的生员资格。顾家家学渊源，顾宪成会亲自到社学给子弟们考试，内部还会把他们的试卷分甲、乙、丙等，褒奖优秀者。顾与淳从小就在这样的环境中被父亲严格训练，因此在顾家子弟中素有文名，要说学问文章，应当不差。但熊廷弼的选拔标准最看重品行，文章在其次，毫无疑问，这是冲着顾宪成及其背后的东林党而来的。

熊廷弼对江南士子的严苛一下子出了名：连顾宪成的公子都敢黜落，这是要全面宣战吗？把东林党党魁、大明朝局的幕后大佬都得罪了，熊廷弼还想不想无惊无险地结束江南任期了？

熊廷弼的好友、昆山顾天埈都写信劝他："老哥啊，你在两个郡监考，很多人都称赞你严明公正，但是你知不知道，背后骂你的人很多，说你是存心与江南士子作对。老哥的严苛是好的，一时间也不能骤然放宽，你看这样好不好，规矩应该严，但用意可以宽，让士子们既守规矩，又能领会你的用意，这样他们才心服口服。"

顾天埈不是一般人，也是科举学霸，万历二十年（1592年）壬辰科探花，因与汤宾尹交好，共同反对东林党，所以被中正之士称为昆党领袖。顾天埈与熊廷弼都是顾宪成在政治上的对头。顾天埈开口劝熊廷弼，显然已经感觉到事情不对了。

但顾宪成不愧是大佬，虽然被打了脸，至少表面上并不在意，而是和好友出去游历，显示出宰相风度。只是这事却让其同党颇为记恨，多用"肆毒于东林"这类语言形容熊廷弼的作为。

万历四十年（1612年）五月，顾宪成去世。从葬礼就能看出他的江湖地位，出席的在乡官员有四十多人，只挑几个大神级别的列举一下——探花阁辅孙慎行、内阁首辅朱国桢、状元阁辅文震孟、探花南明礼部尚书钱谦益。看到这个阵容，就知道顾宪成的分量。

以"混不齐"出名的熊廷弼，即使与顾宪成撕破脸，此时也只能收敛一下。顾宪成作为在乡大贤，按惯例，朝廷是要给恤典的，因此熊廷弼还是以督学御史的身份参与了为顾宪成立祠的身后事。只是，这并不能化解两方的矛盾，东林一方认为熊廷弼之举不过是迫于社会舆论，不得不为之罢了。

汤宾尹、熊廷弼、顾天埈，一个是宣党，一个是楚党，一个是昆党，在东林党眼中，对头势力已经联合起来发动疯狂进攻了，东林党必须给予沉重打击。这场战役就从熊廷弼入手，同时搂草打兔子，捎带把汤宾尹一起消灭。

◇ 第一个徐氏之谜

正当熊廷弼吊打常州某公子，气得某公冲廨"捞人"的时候，应天巡按荆养乔突然挂冠而去。荆养乔，山西人，万历二十三年（1595年）进士，到了万历三十六年（1608年），与熊廷弼同年被选拔为御史。荆养乔运气比熊廷弼好，不用到边关吃糠咽菜，而是被派到应天府任巡按御史。

挂冠而去，就是不经正常辞职手续，拍拍屁股走人。他在临走前参了熊廷弼一本，指控是：熊廷弼庇护奸徒，杀人媚人，不惩处犯奸淫罪的生员梅宣祚等人，反而处理公举生员芮应元等人，宽恕梅家族人，重处被奸者徐氏，用尽心思为汤宾尹效首功。

短短一段话，透露出各种复杂关系：熊廷弼杀了谁，又媚了谁？梅家人是谁？徐氏又是谁？为什么又带上汤宾尹？这里就牵扯出晚明一段非常著名的公案——荆熊分祖。这是一个很长的故事，想要了解荆养乔所说的前因后果，必须将时间回拨到汤宾尹刚刚发迹的时候。

汤家在汤宾尹发迹之前，是乡里比较穷的家族。汤宾尹回忆自己家穷困的过去时这样说道："汤家读书人，考不上功名就只能当私塾教师，家里十有八九都是没田的佃农，只能给别人家做仆人，女性则以织锦维持生计。"

汤宾尹年少时已经才华惊人，被同乡状元沈懋学相中。沈懋学把兄长沈懋敬的女儿许配给他，但汤宾尹定亲时的聘礼仅是一头小猪，十七岁迎亲时汤家下的彩礼也只有一把木梳、一袭布裙，由此可见聘礼有多么寒酸。

一朝高中榜眼之后，汤家声名鹊起。所谓人红是非多，万历二十七年（1599年）时，汤宾尹还在翰林院里清修，他家却碰上一件祸事。此事牵连到几个家族，各方助拳的人很多，也留下了各种各样版本的说法，颇有点罗生门的味道。

版本一出自明清之际文人毛奇龄写的《重建宣城徐烈妇祠碑记》。

汤家族叔汤一泰看上了当地徐家的女儿，该女子本来许配了施之济，汤一泰逼娶，徐家不许，仍把她嫁给了施家。汤一泰大怒，让汤宾尹出面关说，又向官府提起诉讼。汤、徐两家对簿公堂，双方都收买郡中生员助拳。双方相持不下，需要徐氏女去官府对质，在前一夜，徐氏女跟小姑说，很担心汤一泰会趁机将她抢走。第二天一早，徐氏女已经不见踪影，大家四处寻找，结果在村旁池塘发现了徐氏女的尸体。

这事被徐家有名望的士绅、退休尚书徐元太知道了。徐元太，字汝贤，号华阳，嘉靖四十四年（1565年）进士，官至南京刑部尚书，万历十七年（1589年）告老还乡。徐元太是嘉靖十五年（1536年）生人，事发时已年过花甲。他一方面出来干涉官府，一方面鼓动生员冯应祥等人为徐氏建烈女祠。请记住这个冯应祥，后文他还有很重的戏份。

结果官府支持了徐、施两家的说法，生员冯应祥等人向当时的宁国府知府张德明请命为徐氏建祠，张德明又向时任督学御史的陈子贞申请，获得批准，徐氏女被旌表为烈妇，建祠纪念。

版本二出于清顺治年间《宣城县志》。

该版本记述了双方姓名和一些细节。徐子仁与生员施大德为自家儿女指腹为婚，徐家把女儿徐领姑许配给施之浚。但本地土豪汤一泰看上了徐领姑，就委托媒人以一筐礼饼和两挂猪肩去徐家下聘。徐子仁拒绝了，并催促施之浚赶紧来迎娶。汤一泰不干了，前往官府提告，徐氏女在出庭前一晚投塘自尽。这一版本与第一个版本大同小异，除了新郎变成施之浚外，还补充了徐、施两家是指腹为婚，以及土豪汤一泰聘礼内容等信息。

版本三出自文震孟儿子文秉。

主角突然变成了汤宾尹，他因为早年受了徐家退休尚书徐元太的胯下之辱，因此金榜题名后就想报复徐家，要夺取生员施大德妻子徐氏为妾，徐氏不愿顺从，被逼自尽。于是县中民众沸沸扬扬，导致发生民变，生员冯应祥等为徐氏殉节建祠云云。

几个版本交织，是不是感觉很复杂？且慢，这还没完，还有第四个版本，这个版本与前面的版本截然相反。

版本四来自清初永嘉名士周衣德的记载。

这个版本说徐氏女最初是聘于汤一泰的，只是徐家嫌他的聘礼薄，就想悔婚，结合版本二提到过，汤一泰是用一筐礼饼和两挂猪肩来下聘的，可见聘礼确不丰厚。而施氏族中，有个叫施大信的看上了徐氏，想为长男施之济讨这个媳妇，就编出了一个指腹为婚的故事，和徐家勾兑好了，再下聘达成婚约。

汤家受了欺负，就把事情告诉了汤宾尹，请他出头，汤宾尹也过问了此事，跟当地知县打了招呼。施家看对方也有猛人撑腰，怕事情败露，就纠集一些秀才到官府闹事。

徐家也慌了，知道自己一女聘二夫，不好交代，于是逼着徐氏女作状跳塘，想演一出戏威胁汤家。谁知道假戏真做，徐氏女真的给淹死了。闹出人命后，施、徐两家重新占了优势，干脆一不做二不休，进一步鼓动生员闹事，同时请出了自家族中大神徐元太。

徐尚书认了这门亲，到官府关说，又有生员闹事请为烈女立祠。汤家此时见对方出了人命，也不好争执，汤一泰跑路，连汤宾尹也只能跑路。结果徐氏女被旌表为烈妇，立祠，案子的第一回合徐家、施家获胜。

但过了一年，事情又出现反转。汤家人不服，继续上告。这在当时很正常，看看明代徽州文书档案，一个案子诉个几十年都稀松平常。这次案子落到了时任南直隶巡按的牛应元手里。牛应元发现施之济年近三十，而徐氏女方才二八年华，说两人指腹为婚不是有点扯吗？徐家无言以对，啸聚的生员也不敢闹腾，翻案成功。

看完以上四个版本，接下来还有史料中的后续。翻案虽然成功，但徐氏的烈女祠还在啊，因为徐家抵制，祠堂一直没有被拆，只要它还在，汤家的耻辱就无法洗刷。随后，汤家经年累月不停上诉，要求拆掉这座压在头上的大庙。一直等到万历三十七年（1609年）四月，新任南直隶督学御史史学迁上任，案子才重燃希望。

史学迁行牌徽宁道，查明徐氏致死根因，做了重要批示："据粮里之公呈、地方之正论，则徐氏死非大义，冒节多年，奸人之为计毒矣、险矣。当日贿卖呈词，姑不深究，祠宇亟行折毁、基地入官。施大德听另行牌。此缴。"

随后又行牌该道，将施大德黜退。批示的中心意思就是史学迁认为徐氏被旌表烈妇是错误的，下令把祠拆了。

好了，关于事情的前因后果，各种版本都已经摆在这里了，到底如何辨明真相呢？且让我们当一回福尔摩斯，破解一下徐氏女自尽的谜团。

首先要去掉一个干扰项。前三个版本的主角分别是汤一泰和汤宾尹，两者故事除了一些细节有差，如第一、二版本的施家新郎是施之济（浚），文秉的故事里则是施大德，其他都基本相同。但天下哪有这么巧的事？所以，两个故事必然一个为真一个为假。汤一泰案有烈妇旌表建祠为证，有地方官员批复为据，显然确有其事。可以断定，汤宾尹的版本是假的，是文秉道听途说，基于某种目的强加在汤宾尹头上，所以文秉的版本作为干扰项可以去掉。

接下来，再看细节。土豪汤一泰棒打鸳鸯，只拿了一筐礼饼和两挂猪肩做聘礼。这合理吗？土豪汤一泰自始至终都没有强抢民女，只到官府提告，是徐领姑觉得出庭作证会被人强抢，于是寻了短见。这合情吗？说完情理再说案情：牛应元查出施家新郎和徐氏女两人相差十几岁，却声称指腹为婚，更加不合情理，因此推翻了徐、施两家的说法。

审理完案情疑点，就可以结案陈词了。首先，汤家在汤宾尹发迹之前，只是乡里比较穷的家族，汤宾尹自己的聘礼就很寒微，由此，汤一泰所下聘礼穷薄遭到了施家嫌弃。在那个时代，因为聘礼厚薄，一女两聘的事经常发生。

其次，汤宾尹在事发的时候，也才高中探花三四年而已，还是翰林院里一个清水翰林，虽然名声在外，但离他成为"闲散人等"的领袖还早着呢。要说他们家族仗穷翰林的势欺负人，多少有些勉强。

再次，根据后来翻案情况看，如果没有真凭实据，想翻案谈何容易，而且最终还要把烈女祠拆毁，这么大的动静，各级官员不办成铁案，又如何能服众？

最后，主持翻案的主要官员大多是亲近中正之士的人。主持审案的南直隶巡按牛应元，曾支持吏部尚书孙鑨留任，也曾举荐了日后成为东林骨干的邹元标，怎么看牛应元都不会是汤宾尹的同党。下令取缔烈女祠的南直督学史学迁素有直名，在李三才推举案中，他曾上疏极力挽留李三才。从他的政治立场来说，他是妥妥的亲近东林的官员。

由此种种，看官应该心中有数了：汤宾尹肯定没有强抢民女的行为，汤家与徐、施两家的纠纷似乎也是汤家占理，牛应元与史学迁先后的判决是符合事实的。

事情到这，第一个徐氏女的谜团揭开。但有第一个就还有第二个，第二个徐氏女出现在万历三十九年（1611年）年底，熊廷弼接触的一件宣城奇案里。此案之中，徐氏女不仅又与汤家产生瓜葛，还将宣城另一个科举簪缨世家梅家牵涉其中。

✧ 杀人还看熊廷弼

就在徐氏烈女祠被拆的相近时间，宣城县县衙跑来一个叫徐佑四的人。他控诉宣城大族梅氏子弟数人，将他家一个女眷徐氏拐带回家，禁锢淫乱。此事一出，满城哗然。

经官府调查，此案大概是这样的：宣城生员梅宣祚、梅振祚、梅子祚、梅羽祚、梅俞祚、梅望祚，加上一个汤必守，收容了一个离家出走的妇人徐氏，然后这伙人把徐氏藏在家里，作为姬妾肆意玩弄奸淫。

事情被揭发后，由于此案属于拐带、禁锢、淫亵妇女等案子，本应属于州府县道管辖，但案件拖延多日，一直没有审结。宣城一时间议论纷纷，都说梅家贿赂官府，庇护自家子弟。

这个看似简单的案子，却牵扯了当地三大家族势力。首先，之前已经有过一个徐氏女涉案，这次徐佑四提告，沉寂多年的宣城徐氏"重出江湖"；其次，在犯案人员中有一个汤家子弟汤必守，似曾相识的情节仿佛又回来了。

只是，这次案子的主角变成了梅家，被告七人中，梅家一下子占了六人。此时的宣城梅氏可不得了，本来嘉靖之前梅氏还默默无闻，在科举官场并无建树，但自从嘉靖年间梅守德进士出身后，梅家就像换了风水一般，在嘉靖、隆庆、万历三朝科场上大放异彩，共十人考中举人，多人中进士。

梅守德嘉靖二十年（1541年）同进士出身，官至云南左参政；梅鹍祚万历十一年（1583年）同进士出身，官至巡按御史；梅守峻万历十四年（1586年）进士出身，官至陕西参政；梅守相万历十七年（1589年）同进士出身，官至广西按察使；梅守和万历二十六年（1598年）戊戌科传胪（二甲第一名），官至布政使。其中梅守相、梅守峻、梅守和与梅守极（万历丙子科举人）是亲兄弟，被称为"兄弟三进士，一门四举人"。

由此可见，万历年间，守字辈、祚字辈枝繁叶茂。梅家子弟宣淫案中的主犯之一梅振祚，就是梅守极的长子。在后人眼中，梅振祚因为科举不得意，就"跳之声色酒杯间"，看来好色的品性令他惹了大祸。

其时，梅氏家族大小十几位官员，势力之大，宣城无出其右。难怪涉及梅家子弟的案子迟迟不审结，会引发宣城如此大的反响。

本来案子就有关男女那点事，又纠缠了好几个家族，因此受关注程度极高。于是传言越来越邪乎，大佬汤宾尹再度成为小道消息的中心。

传言说汤宾尹与徐家素有旧怨，一心要纳徐尚书元太的侄子徐某的老婆贾氏为妾，本来徐某和贾氏的兄弟都同意了，但徐某的哥哥秀才徐日隆不干，四处提告。汤宾尹布下天罗地网要抓徐日隆，迫使他远走北方。于是合郡又沸然了，生员纷纷公举为徐日隆鸣冤，并重新提出给第一个徐氏女烈妇旌节，重建烈女祠。显然这些市井小广播带着多年前的旧恨而来，借着一些有影没影的事唱衰汤宾尹。

汤宾尹与梅家子弟梅季豹是老铁，两人互相写诗唱和，结伴同游，恨不得同眠共寝。梅季豹本名梅守箕，他父亲梅继夔有个亲兄弟叫梅继善，梅继善有四个儿子——守相、守极、守峻、守和。由此可见，梅、汤两家应有不错的关系，梅家子弟宣淫案扯上汤宾尹，似乎合情合理。

舆论起来后，梅氏宣淫案也加快了审理进度。经过巡按会同地方政府审决，梅振祚、梅子祚、汤必守被判流徙，梅宣祚、梅羽祚、梅俞祚、梅望祚四人挨了板子，以上诸人有功名的都被革除生员资格。

事情到这本来也算完了，但徐家仍没完没了，认为案子审理不公，判罚过轻，又开始闹腾。这次他们还是用老方子抓药，鼓动了一些生员去各级政府提告，其中有冯应祥、苏海望、李茂先、芮永缙等。

在这些人中，冯应祥这个名字是不是很熟悉？在第一个徐氏女案件里，此君也出现了，当年他为徐氏女争取旌表、建祠冲锋在前，为徐家立下"汗马功劳"。如今，前度刘郎，怎么总是他？

此番战火重燃，徐家为生员们提供了非常优厚的条件：去苏州、南京告状，每人能拿五两银子；去太平府、池州告状能拿三两；在本地上堂各给三钱；甚至连跪一跪都有三钱奖赏。除此外，各人都给了安家银、雇船、雇轿、住店、吃饭全额报销。几个生员还和徐家商量好，如果在举告过程中吃了官司，被褫夺生员功名，徐家应付四百两银子，同时还代为纳贡再捐个监生。

徐家的言下之意就是让生员们别怕，只管向前冲。果然几个生员上蹿下跳，积极上诉，足迹遍布太平府、南京、按察使、操江衙门、巡按衙门、巡抚衙门被他们告了个遍。不仅如此，这几人挑头冲在前面，徐家还动员了自家奴仆、地方无赖穿戴生员的衣巾在外围摇旗呐喊，推波助澜。

但是，这些人哪里都去了，唯独不敢去督学御史衙门，也就是不敢去找熊廷弼。但你不找他，他就不来找你了吗？万历三十九年（1611年）年末，熊廷弼巡视岁考，来到了宣城，因为梅氏宣淫案牵扯诸多生员，又有人将苏海望、李茂先、冯应祥、芮永缙的劣行告到了熊廷弼这里，事涉生员品行，熊廷弼就有了管一管的权力。

熊廷弼在调阅地方审理卷宗后，认为案情清晰，且对涉案生员的淫行甚为不齿："梅振祚等恶少宣淫窃奸徐氏，弟兄聚麀，为禽兽行，伤风败俗，恨不手刃，以快众愤，即律无死法，而寺观神刁奸诱走者，例得遣戍一徒，果足尽其恶乎？""麀"的本义是母鹿，泛指雌性动物，"聚麀"即指共用一个母鹿，意指淫乱行为。熊廷弼甚至恨不得一刀宰了这些伤风败俗的人，只可惜律法不能判他们死罪，仅判了流徙，算是便宜了他们。

至于苏海望、李茂先、冯应祥、芮永缙等人闹出的风波，熊廷弼认为按照大明律例，生员聚众十人以上，为首的要被判罪。另外熊廷弼认为生员收受贿赂，四处闹事寻衅滋事，如此行为，对当地士风造成了极其恶劣的影响。熊廷弼行牌抓人，但只逮住了李茂先、苏海望、芮永缙，冯应祥收到风声事先逃跑了。熊廷弼将抓来的三人狠揍了一顿，谁知道一顿棍棒把芮永缙给打死了。

熊廷弼一顿打，将梅氏风化案引起的生员聚众闹事的骚动弹压下去。但是，在政治对头眼里就有了打击他的把柄。徐氏、梅氏、汤氏再度凑到一起，荆养乔上溯历史，下牵现实，将前后两桩徐氏案扯上关系，上了一本奏疏参熊廷弼，说他"杀人媚人"，用尽一片杀人心思为汤宾尹效首功。

那熊廷弼有没有想为汤宾尹出头而徇私情呢？看过前番史实，有几处细节非常重要。

首先，梅氏宣淫案爆发的时间与拆烈女祠时间相近，都是发生在南直隶巡按王国祯、督学御史史学迁任职期间，且都牵涉了徐家、汤家。两者时间上的巧合有没有围魏救赵之意呢？

其次，两个案子里都出现了冯应祥，此君每战必与，每案不落，就是徐家的职业讼棍。只要有需要，他就出来搞事情，此人再度将两个案件牵连在一起。

最后，两个案子都有一些没根据的传闻将汤宾尹扯了进来，从地方家族倾轧到朝廷派系斗争的意味非常强烈。由此可见，两个案子或多或少有一定关联。

但第二个案子牵连到梅家几位官宦的子侄，偏偏此时文峰梅氏声势很盛，而徐家大佬徐元太已经垂垂老矣，彼时处在病疯状态。总之，徐家失去了大树荫庇，有些底气不足，为了出胸中一口恶气，于是再度使出十年前那招，鼓动生员四处奔走告状。

这些人到处说，不仅唱衰了梅家，还把与案子有关的官员全牵扯进来，这些人包括但不限于前巡按御史王国祯（汤宾尹同年）、前督学御史史学迁、徽宁道张九德和应天府推官周于暮，当然还有熊廷弼、汤宾尹。

虽然熊廷弼不承认与汤宾尹相识相交，但事实上他们很可能是好朋友，这层关系不仅叶向高说过，还有一事可为旁证：熊廷弼的亲家兼知己郭正域曾为汤宾尹的《睡庵文集》写序。

但即便如此，所谓讨好汤宾尹杖杀芮永缙，显然有点牵强附会，至少在这个时候，与十年前的徐氏案无关的熊廷弼没有杀人动机。而且梅氏宣淫案的主角是梅氏，要说杀人媚人，媚的也是梅氏啊。熊廷弼与梅守和是同年进士，两人有没有关系、关系有多好并不见经传，因此也没有证据说明熊廷弼有庇护梅家的动机。

最后唯一可以成立的，就是熊廷弼带着维稳思路处理桀骜的生员，镇压屡屡发生的生员借公举闹事，轻则四处提告，重则啸聚民众围攻官府的行为。熊廷弼认为，如果这种风气蔓延，学校不成学校，衙门不成衙门，地方不成地方，那么武断乡曲就不必官府、籍没乡官就不必朝廷了，抢掳成了常事，人人自危家家不保，一个清平世界就成了禽兽夷狄、盗贼之乡，天下岂不大乱？

熊廷弼在梅氏案里或许真的动了杀一儆百的杀心，以芮永缙之死看，这顿打是下了死手的。案情到这也解释清楚了，但事情还没完，荆养乔的劾疏只是打头炮，后面还牵连出一场导致朝廷上几位大佬去职的大战。

✧ 两御史三大佬的倒下

老友顾天埈曾劝告熊廷弼，他与地方结仇甚深，要小心舆论反扑。荆养乔这颗炮弹打出来，炸出了一摊烂泥，就是反扑的号角。

荆养乔挂冠而去，且投劾疏，朝廷首先要处理的就是他挂冠一事：不请假，不辞职，扔下炸弹就想跑，这可不行。都察院大佬，左副都御史许弘纲给荆养乔开的"罚单"是降薪俸两级。谁都知道大明朝官员不靠那点俸禄活着，降俸两级等于没有处罚。刑科给事中郭尚宾上奏，说许弘纲的处罚不公平，并列出一大批出现同样情况却被革职的官员，质问为什么只有荆养乔例外。许弘纲承认自己有错，还说得到同行提醒"甚幸"。

"潦草挂袍"的处理已经引发了一系列的争执，那么荆养乔为何在打出第一炮后，就这么不辞而别呢？先留个悬念，后面再说。

许弘纲既被参，就不好继续处理此事，随后又调来另一位大佬孙玮为左都御史执掌都察院。对于此事，孙玮决定先把荆养乔革职，然后行勘熊廷弼，就像叶向高说的："二御史相争，必行勘，乃足服其心。"

所谓行勘，就是派出御史对两方的说辞进行调查，以得出客观公正的结论。但一旦进入行勘程序，当事人就必须听勘停职。此时荆养乔已经去职，只剩下熊廷弼，那他只能停职回乡等候勘核结果，这跟今天的停职审查有点相似。

相公叶向高倾向行勘，但他又认为不妥，担心孙玮所为会引来支持熊廷弼的官员群起而攻。果然，孙玮行勘奏疏一上，战争即告爆发。

支持行勘的有给事中李成名、孙振基、麻僖、陈伯友等，以及御史李邦华、马梦祯、魏云中、刘策、崔尔进、李若星、潘之祥、翟凤翀、徐良彦等。

李成名是晋人，曾支持开释满朝荐，攻击过方从哲；孙振基和麻僖是秦人，属于孙丕扬一党；陈伯友是鲁人，日后杨涟弹劾魏忠贤时，陈伯友曾上疏附议；李邦华是赣人，是号称东林"三君"之一的邹元标的学生；徐良彦也是赣人，天启年间因忤逆崔呈秀而被罢官……由此可见，这些人都是中正之士，大多是东林党的同道或者盟友。

另一边，也有一大批官员为熊廷弼鸣冤，如给事中官应震、姜性、吴亮嗣、梅之焕、亓诗教、赵兴邦，御史黄彦士，南给事中张笃敬，御史周达等。

这次对战，楚人异常齐心，官应震、姜性、吴亮嗣、梅之焕、黄彦士等几乎全体出动。亓诗教是齐党魁首，赵兴邦则被列入汤宾尹门墙。

吴亮嗣、姜性认为，荆养乔是因为与地方官不和才求去，不过是以熊廷弼之事为借口。同时他们也交章攻击孙玮，说孙玮是荆养乔的同伙所以包庇荆，而与熊廷弼相忌因而要剪除熊。这就是典型的结党营私。

孙玮辩解说："熊廷弼以酷法杀人，讨好他人，有辱品行，有人怀疑就应该辩解释疑，需要行勘。"显然他内心倾向于荆养乔的说法。孙玮又对言官参劾他一事颇为不满，认为自己是都察院老大，手下出事怎么能不过问呢，现在被人攻击，唯有请辞，以谢言官。他摆出一副任众人说三道四，老子不干了的模样。

通常这种情况，皇帝肯定要站在孙玮一边，一方面下旨安慰挽留，一方面派出御史徐应登调查此事。有着"殿中执法"之美名的徐应登并无明显的党派背景，派他行勘也是非常谨慎的选择。

万历四十一年（1613年）二月，徐应登的调查结果出来了，证明了三件事。

第一，熊廷弼对梅氏子弟的批文确有其事，"恨不手刃其同党"说明他的确疾恶如仇，并无暗通款曲，厚此薄彼。

第二，冯应祥、苏海望等人的确被人拿钱收买，到处闹事，假借公举之名告遍了南京诸衙门，然后宁国府报告四人劣行，冯应祥逃跑了，苏海望等三人被熊廷弼抓去打了板子。

第三，熊廷弼讨好汤宾尹的指控并无实据。汤宾尹本来就和梅氏兄弟案无关，和被打死的芮永缙也无瓜葛。徐应登说："熊廷弼杀芮永缙，凭什么让汤宾尹'躺枪'？那同一时间打苏海望等人，又是在讨好谁呢？"

对熊廷弼，徐应登评价很高，认为"得学臣廷弼，豪爽英迈，凡事担荷不疑"，又说熊廷弼以力挽江南士风为己任，但有人对他散布谣言，大肆诽谤，是对他的打击报复。应该说徐应登的调查是公正持平的，结果也是可以服众的。

行勘结果出来，熊廷弼算是沉冤得雪，但即便出了结果，熊廷弼也没有复职，因他而起的风波还在继续。

到了四月，左都御史孙玮已经受不了来自各方的明枪暗箭，接连上了几份辞职报告，万历皇帝按照惯例下旨挽留。但这时候，就要看万历皇帝是真的想留他，还是假的想留。

何为真挽留呢？通常真要维护孙玮，就必须惩罚几个弹劾他的言官，轻则罚俸，中则降级，重则罢官，比如御史周家栋在万历三十三年（1605年）七月弹劾首辅沈一贯，当时为了慰留沈一贯，万历皇帝就对周家栋罚俸一年。

假的挽留，就是装装样子，发发官面文字，比如这次，万历皇帝并没有处罚弹劾孙玮的大臣，只是轻描淡写地说了句："孙爱卿，你要深明大义，大人有大量，赶紧出来供职，以后还有多嘴的，朕必然治罪。"这只是说说而已，实际上一个被治罪的都没有，口惠而实不至。

到了七月，孙玮一直撂挑子，然后连递了二十五份辞职报告，这也是很神奇的一幕。按照朝廷惯例，递个三五份，朝廷要么给孙玮一个说法，比如惩罚弹劾他的人，要么不惩罚其政敌，就允许他辞职。但这次，已经上疏二十五份了，朝廷还是没有批准孙玮辞职，且没有实质性动作。

其实孙玮这么做是非常不体面的，同时遭到攻击的左副都御史许弘纲，也打了几份辞职报告，但他看皇帝除了空口慰留，并无实际支持后，便潇潇洒洒挂冠而去了。有许弘纲"珠玉在前"，孙玮也终于坐不住了，一个月后，也就是八月，孙大佬挂冠出了北京。

这时，相公叶向高只能出来和稀泥，说人都走了，皇上不如给他批个假，让他休息一段时间再说。万历皇帝也是驴脾气，仍然不为所动，一直攉到孙玮又打了多份辞职报告，才最终同意孙玮回籍调理，此时已经是万历四十一年（1613年）十月了。

万历皇帝的态度颇值得玩味。总有人说万历皇帝不理朝政，但对于重要问题，比如军国大事，牵涉到经济或者维稳的事情，这个皇帝一点也不含糊。这件事的背后是江南士风日下，导致地方不宁，民乱等动摇统治基础的苗头出现。万历皇帝从头到尾都管了，除了一些带有明显党争性质的奏章，其他的一个也没有留中，全部回复，这说明了他对此事的重视。

从这里也可以看出万历皇帝真的想整治江南风气，这是一个从皇帝、内阁诸相公，乃至地方官员都达成的共识。只是它必然会触动地方士绅阶层的利益，比如东林诸公，遭到反弹也是必然的。

从万历皇帝对孙玮的态度看，他内心是站在熊廷弼一边的，如若不然，谁要是敢对孙玮的行勘处理决定说不，他直接罚俸、降级、革职就行了。但万历皇帝没有，硬是收了孙玮几十份辞职报告，却不处理攻击孙玮的人。

这就是万历皇帝在事件中表明态度的方式，挽留孙玮是维持皇帝与朝廷大臣之间的体面，以及表现他对御史台工作的支持；不处理弹劾孙玮的人，是想在这场党争中保护他认为无辜受过的一方，从而制衡咄咄逼人的东林一派。所谓雷霆雨露，皆是天恩。

一起府城里的风化案引发的朝堂大战至此算是告一段落，结果却相当惨烈。尽管没有涉及太多人命，但此案导致两位重要的南京御史（荆养乔、熊廷弼）和两位都察院大佬（许弘纲、孙玮）去职，还捎上另一位大佬——吏部尚书赵焕。

吏部尚书赵焕本来没有处理"荆熊分祖"一案，但被东林党围魏救赵给捎上了。作为非东林党在朝中的大佬之一，赵焕被汤兆京、李邦华等人借一件吏部考核的小事弹劾，与"荆熊分祖"一案同时引发了攻防战。本来赵焕久有去意，也就拍拍屁股走人了。

其实，这里最聪明的人就是荆养乔。他上劾疏后，二话不说就挂冠走人，这说明他对未来的发展有着很准确的预判。荆养乔预见到自己捅了个马蜂窝，恋栈下去，肯定无法全身而退。

给事中姚宗文曾评论过荆养乔离职的原因，认为荆养乔搅和进了官场与乡绅复杂的利害关系中，除了走人别无他法。这一点颇为中肯，"荆熊分祖"不仅牵扯到地方乡绅间的诸多纷争，还牵涉朝堂上不同政治势力的争斗。

梅家子弟宣淫案牵涉汤家、梅家和徐家，以及各自背后盘根错节的姻亲家族，如汤宾尹老婆身后的沈家，在当时也是冉冉升起的科举家族。一旦处理不慎，落了把柄，别人就惦记上了，就算现在不报复，但日后呢？谁知道啊。

而熊廷弼呢，又带出了与东林一派的矛盾。他对东林老巢的打压可谓一石二鸟。一方面，熊廷弼秉承朝廷整肃江南士风的精神而来，从皇帝到相公叶向高再到冢宰孙丕扬都有这个意思；另一方面，熊廷弼自己所属的政治势力与东林诸公势成水火，他来到南直隶之后坚持一贯的严峻作风，直接冒犯了东林大佬顾宪成，这就是一种政治上再明显不过的表态。

那东林一方如何能咽得下这口气，反扑是肯定的。顾天埈显然是听到了什么风声，所以出言相劝，但熊廷弼"豪爽英迈，凡事担荷不疑"，矛盾激化成党争已是无法避免的了。只是荆养乔万万没想到，他会成为这个开炮的人。

熊廷弼意识到，荆养乔弹劾背后是于玉立，此人一向被认为是东林幕后谋主。在熊廷弼去了南直隶之后，于玉立听说有人弹劾他，以为是熊廷弼搞鬼，就说："熊廷弼因为我不帮郭正域，就在背后撺掇人整我。"无论是出于组织行为还是私人恩怨，熊廷弼必须滚蛋，于是他们便让荆养乔借梅家子弟案弹劾熊廷弼。

此番说法有没有根据呢？当年十月，这场风波尘埃落定，非东林党的礼科给事中亓诗教上疏总结了这段党争，把责任矛头直指于玉立："盖今日之争，始于门户，门户之祸，始于东林。…… 东林之名倡于顾宪成，而其后于玉立附焉，然宪成自贤，玉立自奸…… 同己者留，异己者逐，在朝在野，但知有东林，而不知有皇上。"翻译过来就是说这场政治斗争始于东林之门户，而于玉立是居中指挥的关键人物，他布列爪牙羽翼于朝野，党同伐异。

熊廷弼在回忆录中还透露了一个情况，说荆养乔素来与他交好。这表明荆养乔是迫不得已才成了炮弹，是一发不想打也得打的炮弹。

回顾整个案情，荆养乔弹劾熊廷弼的内容可谓漏洞百出。无非就是因为御史有风闻奏事之权，但无论是第一桩徐氏案还是梅氏宣淫案，都有各级官府和巡按御史断案的卷宗，白纸黑字，很难置喙。

徐应登在行勘报告中认为，荆养乔是一个凡事都精明仔细、不随便说话的人，却因为市井谣言起了疑心，赤膊上阵与平日交好的熊御史死磕，这并不合理。

唯一的解释，只能是荆养乔受人所托，甚至还受到很大的压力，才充当了这颗炮弹。因此荆养乔也非常清楚自己不过是引发一场政治风波的棋子，此时不走更待何时？所以他是聪明的，至少可以独善其身。

自此之后，荆养乔再未复出当官，终老泉林。他曾说："吾故知其入（复起当官）而不能出也。"也许他是看透了这个官场，不愿再当一次炮灰了。

✧ 尾声

两件宣城风化案在朝堂上结束了，在乡间却远未终结。

从万历二十七年（1599年）一直纠缠到万历四十年（1612年），徐氏、汤氏、梅氏几大望族争斗期间，屡次以死人为代价，结果不可谓不惨烈。

这是一场发生在老牌家族与新兴家族间的战争。据说汤宾尹年轻时受辱于徐元太，此事并无明确记载，但江湖上就是这么传的。无论如何，在第一桩徐氏案时，两家因为死了人就仇深似海了。作为双方有头有脸的人物，汤宾尹与徐元太也都现身为族人撑腰。

徐氏是宣城老牌家族，势力根深蒂固，但不幸的是，到了万历中期以后，也许风水不太好，科举事业有点难以为继。反观后起之秀的汤家、梅家，以及汤宾尹岳丈的沈家，科举全国前五名的学霸加起来就有三人，徐氏对付起来力不从心。因而在前后两个案子里，徐家都认为自己吃了亏，一直想通过各种办法找回场子，从万历中叶一直持续到崇祯初年，长达二十余年。

天启、崇祯年间，朝廷党争进入白热化。天启五年（1625年）秋天，贾继春任南直隶督学御史，为芮永缙、冯应祥等人翻案，芮永缙被旌表，而冯应祥等被褫夺生员资格的，如果还在世，则计算被黜落时间，按廪生钱粮赔偿；崇祯元年（1628年），巡按御史田惟嘉批准为徐氏女重新建祠，第三度推翻了第一桩徐氏案。由此可见两个案子对双方家族体面荣辱的重要性，以至于双方不惜数十年如一日地追诉。

牵扯到此事中的小家族施氏，一直到明清鼎革之后，才出了一位名人施闰章。他先是在清朝科举及第，后因受康熙器重，得以显贵，以侍读学士身份进入《明史》编纂小组，借着这份便利，他将徐氏女的典故放入《列女传》中，以官史为家族张目。

所谓三十年河东，三十年河西，汤宾尹之后，汤家后继乏人，渐渐在激烈的党争与地方倾轧中败落，经历王朝鼎革后，更加悄无声息；梅家到了清朝，科举亦不复当年兴盛，梅振祚的儿子梅清倒成为一代丹青名家，只是无心更无力再去干涉祖宗的事。

此番事端，也令人深刻体会到生员（秀才）在地方上的势力。晚明江南城乡秩序受到冲击，生员是其中的主力之一。明朝的有识之士认为生员问题在于他们自甘堕落。所谓士风日下，就是生员失去了过往安贫乐道、恪守礼法的品性，反而变得浮夸、贪婪，进而克上欺下，退而结党相护。

明朝有句俗语"三个性儿，别惹他"，三个性儿就是太监性儿、闺女性儿、秀才性儿。当时人觉得太监无"根"，喜怒无常；闺女娇惯，心眼小；秀才典型就是骄、娇二气缠身，心比天高、命比纸薄。

秀才是士子，是作为政权基础的读书人，一朝高中，就能跃龙门上升为上层阶级，所以他们心气高，总觉得比其他不识字的人高一等。

但在南直隶，乃至全国，读书人多如牛毛，想要考取生员，先要过县试、府试、院试三关，也称童试。成为生员后，要过岁考一关，考为一、二等才能获得乡试资格。南直隶一次乡试六千多人，而乡试名额只有一百三十五人，如果加上几万无法参与考试的生员，这选拔率跟中彩票概率没什么区别。

那些无法中举的生员，不是谁家都有财有势，但总要有个活路吧。虽然国家会给生员一定的钱粮和部分赋税的减免，但这才有多少钱？苏州的廪生，一个月才得一石米，万历年间米贱，一石米值三五钱银子，也就够一家人勉强吃饱。

秀才肩不能挑，身不能耕，能从事的营生非常有限。到了晚明，偏偏承平日久，社会物质丰富，商业发达，财富积累到一定阶段，很自然就产生奢靡、浮夸的社会风气。对仍以上等人自居，却在城乡中不上不下，过着清贫生活的大多数秀才来说，他们会受到怎样的冲击？仓廪不足，即使秀才也可能忘了礼节。大量秀才混着日子，不思进取，基本放弃了学业。

秀才的就业面很窄，有的到私塾里当教师，有的去经商打工，还有的看两本医书去混个大夫谋生。但这些职业所得都是蝇头小利，想多捞钱就得干一些不那么体面的事，比如冯应祥这样的职业讼棍，或寄身大户成为奴仆，仗势欺人。

在不远的将来，这些"蓝袍大王"还会出现在更多的社会事件中。他们成群结队，操纵舆论，煽动民众，在城际乡间掀起更大的波澜。

秀才的"堕落"，是社会变化、秩序更迭的产物，无法简单以好坏而论。整个晚明时代，所有人都在经历着冲击。世家不断积聚田地财富增强自己的实力；商人发达了要争取自己的权益；小农受不了赋税盘剥，要么投寄到缙绅大家图个荫庇，要么卖掉产业进城打工；"蓝袍大王"呢？自然要通过各种方式将自身的地位变现。

或许身处其间的汤宾尹，对此最有发言权："以所观宣事，能作恶者世贵也，能群为雄者秀才也。我起家贫贱，性不解恶，又离其雄，是以进退狼狈。"汤宾尹就是在这场社会大动荡中，屡受冲击的传统读书人。

崇祯元年（1628年），汤宾尹撒手人寰，终年六十岁。至少他不会像老朋友熊廷弼那样，因广宁之溃落得个传首九边的悲惨下场，也没有经历改朝换代的张献忠时刻，留在记忆里的，始终是表面上仍然静谧惬意的乡野田园。

第三章　董其昌豪宅遭强拆

2020年春天，一幅明代画作《书画合璧山水小景》以7475万元的高价刷新了拍卖纪录，这幅画的作者叫董其昌。这位晚明丹青大师，在中国艺术史上有着举足轻重的地位，是明朝文人画绕不过去的名字。

在明代，袁宏道将董其昌比肩王安石、苏轼，朱谋垔撰的《画史会要》评价董其昌为明朝第一人。到了清代，董其昌的字画得到康熙、乾隆两位皇帝的吹捧，康熙评说："华亭董其昌书法，天姿迥异。其高秀圆润之致，流行于楮墨间，非诸家所能及也。"清代书法家王文治把他捧为颜真卿之后第一人；光绪帝的师傅翁同龢称他的书法为奇迹。

追捧者多，贬损者亦多，徐悲鸿就说过："董其昌闭门造车，不求创新，凭借官职左右画坛，毁掉中国书画二百年。"以徐悲鸿为代表，批评者多把董其昌视为因循守旧的代表，认为董其昌等人扼杀了中国画的创新。

誉满天下也好，谤满天下也罢，恰恰反映了董其昌书画在艺术史上极高的地位。不是名满天下，想让徐悲鸿骂恐怕都不够资格。

董其昌十三岁中秀才，可谓才华横溢。会试考中全国第二，又在殿试中成为仅次于状元、榜眼、探花的二甲第一的传胪，一朝成名天下知。

而更加出名的是董其昌的字画，经过十余年的浸淫，其书法达到了时人无法企及的高度。他同时涉猎丹青，成为书画双绝的大家。在他生前，他的字画已经非常昂贵，时人争相重金购买。

董其昌之于朝廷是重臣，之于文艺界是旗手，怎么看都是一位德艺双馨的老艺术家。

但是，在万历四十四年（1616年）的华亭县，董其昌的人设瞬间崩塌，各种各样的流言蜚语充斥乡间，他甚至被称作老而不尊的"淫棍"，骚动的民众冲向董家，将百幢华府的董氏大宅抢光烧净。到底是什么仇怨，让董其昌遭遇如此大祸？

这一切爱恨情仇都要从一个叫绿英的婢女开始。

✧ 一段由婢女引发的民间曲艺

万历四十三年（1615年）秋天，松江府华亭县一户生员的家门前人声鼎沸，一伙大汉堵在门口喧哗吵闹，似乎有什么纠纷正在发生。

堵着人家门口的一众汉子里，为首一人叫陈明，是华亭缙绅董其昌的家仆，他要找的人是自家婢女绿英。被围的人家，主人叫陆兆芳，是华亭县的生员，也就是秀才。此时，陆兆芳被陈明等人堵在家里，坐困愁城，但家门是打死也不能开的。

两方相持不下之际，陈明怒火中烧，挥挥手命一众手下砸门。这伙人操起手中家伙，"叮咣"一阵猛捶，把陆家家门砸开了。陈明当先冲进门内，陆兆芳赶紧来阻拦。陈明气势汹汹地质问陆兆芳："我家的继女绿英是不是在你这里？"陆兆芳连忙否认，陈明见此，更加恼怒，命手下："砸，把他家砸了，就不信找不到人。"

不由陆兆芳辩解，陈明再度指挥手下在陆家上上下下搜了起来。来人手舞家伙就在陆家打砸搜寻，不一会，有人高喊"找到啦"。几个汉子在里屋架出一名柔弱女子，陈明命手下带着绿英夺门而去，只留下陆家一片狼藉。

一件不大不小的纠纷引起了街坊邻里的围观。人们看到陈明一伙强势霸道，便对陆兆芳产生了一丝同情，议论纷纷："这个陈明如此欺人，不就仗着董家的势力吗？"

"对，就是狗仗人势，瞧他凶的哦，把陆家给砸了个稀巴烂。"

"对了，你听说没，绿英本在陈明家服侍，但被董家二少爷看上了，那二少爷把绿英奸污，还要纳了为妾，绿英不愿意，就跑回娘亲家里。所以董家二少爷来抢人。"

"哦，是这么回事，但是为什么要到陆家抢人呢？"

"这……"

流言如旋风般刮起，说董家二少爷董祖常强奸绿英在先，派手下家仆陈明强抢民女于后，一传十，十传百。此事充斥着"以强凌弱""男女桃色"等流行元素，都是乡亲们喜闻乐见的戏码。于是事情就如长了翅膀似的，在松江的乡间巷陌广为流传。

家被砸了，人被抢了，陆兆芳自然不忿，就去官府告状。县里的官员了解了陆家的诉求，听说与事者有董其昌，眉头就皱了起来。要知道董老可是江南文艺界的名人，曾当过太子的老师，是乡间响当当的人物，处理起来肯定相当棘手。地方官一琢磨，就把皮球踢给了乡里德高望重的缙绅：这种事你们相互调解一下，好言好语说清楚，别动不动就对簿公堂。

当时在乡的两位缙绅何三畏、吴尔成出面做中人为两家调解。举人何三畏曾授绍兴府推官，管刑狱，因办案得罪权贵，辞职归乡一直没有出仕，吴尔成是进士登科，两位都是颇有名望的缙绅。

两人询问陈明是怎么回事，陈明把事情原委说了出来。这个绿英本来是陈明的继女，所谓继女就是婢女、女仆明面上的称谓。明朝禁止蓄奴，但上有政策，下有对策，不许养奴隶，那收养别人家的孩子做继子、继女总可以吧。因此，很多时候奴仆就以义男、义女、过继子、过继女称呼，此时的绿英就是一个顶着继女名分的婢女。

绿英跟主人说要回家看望生母，陈明也就放她去了。谁知道，绿英一去不回头，陈明打探之下才知道，绿英又去了陆兆芳家充当婢女。这相当于一女二许，但陈家显然有理有据，出示了绿英是自家继女的凭证。

何三畏、吴尔成两人问清楚双方说法，再看了有关证据，立刻明白了其中的弯弯绕。这就是在晚明城乡屡见不鲜的由奴仆从属问题而产生的纠纷。有的时候，奴仆的原生家庭把已经做了奴婢的儿子、女儿一人多许，从中挣取银两或者冲抵债务，这在当时并不罕见。

因此何三畏与吴尔成很快有了定夺。他们跟陆兆芳说："绿英早就过继给了陈家，此事是陈明占理啊，老陆你现在相当于私藏了陈明的婢女，所以还是退让一下，不要再纠缠了。"两位缙绅这样下了定论，一个小小的秀才还能说什么呢，陆兆芳只得认栽走人。

本来，此事道理上的确是绿英娘家和陆兆芳理亏，到这里也该结束了。但是，在情绪上，陆兆芳很难咽下这口恶气。

首先，自己在官司中输给了一个奴仆，就算董家势力再大，陈明终归是个下人，却让他一个生员吃瘪；再者，陈明竟然还砸了陆家，损失财物事小，脸面损失事大；最后，何三畏和董其昌关系并不一般，曾公开夸赞过董其昌的字画，吴尔成又是董其昌的密友，他们两人参与调解，本身就很难让陆兆芳服气。辱恨交加之下，陆兆芳一病不起，半年没有出过门。

事情虽然平了，但心事不平，关于董家的闲话广为传播，甚至还出现在当地的说书人口中。过了没多久，乡间说书人开始在田间地头讲一个名为《黑白小传》的曲本。曲本就是吹拉弹唱的曲艺作品，有点类似今天的苏州评弹，其中第一回就叫《白公子夜打陆家庄，黑秀才大闹龙门里》。董其昌别号思白，白公子就是董家公子；黑秀才说的是陆兆芳，因为陆兆芳长得较黑，绰号"陆黑"；龙门里是董家所在地址。

这段市井评弹相当淫俗，说有个叫思白的老坏蛋，一把年纪色心不死，经常把游方道士请来家中，讨教房中术。某时看上了秀才陆绍芳女儿绿英，想纳来为妾。于是思白家老二祖权，指使家奴某某去陆家把绿英抢了来，献给了思白老坏蛋。

之前的谣传还只是董公子祖常要纳妾，如今经过市井艺术加工，情节变成了董其昌是老淫棍。这么个色情香艳、欺男霸女的传奇故事在乡间传得沸沸扬扬。

董其昌，字玄宰，松江华亭人，嘉靖三十四年（1555年）生人。董氏是当地大姓，只是董其昌家平平无奇，他父亲是个落第秀才，在乡中做私塾教师，凭着微薄的薪水养活家人。

但董其昌却是天才少年，从小过目成诵、出口成章。他十三岁中秀才，可谓才华横溢，但其后却熬了二十年，屡屡倒在乡试门槛前。于是，董其昌只得走上科举"移民"之路，转籍到北京参加顺天府乡试，才在三十三岁时鲤跃龙门中了举。

万历十七年（1589年），董其昌的才华得到完全展现，他在这一届会试中考了全国第二，又在殿试中成为仅次于状元、榜眼、探花的二甲第一的传胪。

在随后四十余年的宦海浮沉中，董其昌从翰林院编修、湖广提学副使起步，随着万历年间的政局变幻，几起几落，但始终是朝廷重臣，做到过礼部左右侍郎、南京礼部尚书等高位。董其昌家族终于完成了阶层跃升，成为华亭的缙绅门第。

关于董其昌的书画成就，还有一个知耻后勇的故事。他在十七岁时参加府试屈居第二，原因是字写得不好，排名第一的竟然是他的族侄。董其昌引以为耻，遂在书法一途下苦功，临摹米芾、赵孟頼等人法帖，终成为一代书法大神。

围绕绿英的纠纷发生时，董其昌已是花甲之年，自从万历三十四年（1606年）告病回乡也已近十年。董其昌的官运并不好，他眼界很高，性格孤绝，是个非常不好相处的人，虽然曾经当过几年皇太子朱常洛的老师，但外放任官时经常得罪人。如出任湖广提学副使时，他给士子们考试，就出了一道题目"明日不考文"，查遍四书五经，哪儿有这一句，秀才们如何能写出文章？这种戏谑心态，让董其昌得罪了湖广地方许多缙绅家族，秀才们气不过，合伙砸了他的督学衙门，因此他才在万历三十四年告病回乡。

也许是知道自己不太适合当官，董其昌一直对出仕颇为抵触，虽然有过福建提学副使、河南参政等任命，但他都不大理睬。作为一介闲云野鹤，董其昌题书作画、修禅问道、走亲访友，过着无比悠闲自在的生活。

而且赋闲期间，董其昌财运亨通，通过类似前章所述的缙绅发家秘籍，家里也攒下万贯家财，筑起百幢庭院。

董其昌其人，虽说是名满天下的老艺术家，但也逃不过情色那点事。董老姬妾繁多，四个儿子中三个是小妾生的，风流之名也四处流传。但市井歌谣把董其昌塑造成下作的老淫棍，就是十足的人身侮辱。

是可忍孰不可忍，董其昌勃然大怒，平时传一下儿子的流言蜚语也就罢了，这次竟然把老夫也编排进来。董老一想，这样不行，必须镇压这股妖风邪火。

万历四十四年（1616年）的春天，董其昌跑到官府提告，说：

"市井闲人天天造谣说我的坏话，父母官是不是得管管啊？"县官对此也是无可奈何："思白兄，您家的事，上次已经了结。现在的民间艺术家满街都是，您让我怎么管得过来？难不成抓两个盲人来拷打一番？这事还是您自己发动力量解决吧，真找到了造谣的始作俑者，再来官府不迟。"

董其昌看官府不管，就广派自己家奴到乡间巷陌，要把传唱下流歌谣的人找出来。《黑白小传》在当时就是人民群众喜闻乐见的作品，想找个人还不容易？很快就抓到一位民间盲人弹唱艺术家钱二。

董其昌将他一番逼问："快说，剧本是谁创作的，是不是那谁？"但钱二没有给出董其昌猜测的答案。他说出了一个人名，惊得董其昌下巴都差点掉了下来。

✧ 董家摊上了大事

在董其昌逼问之下，钱二招供，这个剧本据说是出自生员范昶之手。董其昌大吃一惊，万万没想到，在背后打枪的竟然是此人。如果说剧本是陆家所作，董其昌不会奇怪，但范昶是董家的亲戚啊。

董其昌的正妻龚氏出自华亭著名的缙绅家族，龚氏的堂妹嫁给了范昶。论关系，董其昌与范昶二人是连襟，而且范昶的儿媳董氏又是董家族人。可以说范昶与董其昌两家是关系很近的亲戚，至少还没出五服呢。

董其昌怎么也想不到，竟然是连襟把自己塑造成了老而不尊的淫棍。这个气啊，董其昌立刻去找这个亲戚讨个说法。

万历四十四年（1616年）三月初二，董家家仆跑到范昶家里"请"他过来对质，范昶被半逼半请拉到了董家。董其昌亲自问范昶，那个"黑"他的剧本是不是范昶创作的，范昶自然矢口否认。不承认是吧，于是董其昌把钱二找来，强迫范昶下跪，与曲艺工作者当面对质。

此时的董其昌可能有点"上头"。范昶是生员，跪天跪地跪父母跪皇上，其他人等一概不跪，此时被逼下跪，董其昌做得太过火。而且让范昶与一个曲艺工作者一起下跪，侮辱性太强。

但即使如此，范昶还是嘴硬，打死也不承认创作了剧本。董其昌实在没辙，问他敢不敢到神灵面前发誓。范昶此时也把心一横——去就去。两边人马呼啦啦就往城隍庙去了，如此一来，吸引了一大帮看热闹不嫌事大的群众。董其昌逼着范昶在城隍面前插香起誓，就这样，他才放过了范昶。

范昶也算出身于官宦门第，他已故的父亲范讷齐曾做过知州，母亲冯氏是华亭合掌桥冯氏的女儿，有五品宜人诰命。经过这么一闹，范家的脸面被彻底丢在地上。范昶回家后，也许因为心血管疾病，又也许因为立下的毒誓，不久就一命呜呼。

事情从一个婢女的归属开始，一路演变到这时，已经闹出了人命。如果是其他人，面对董大人，董大画家，这口气也就咽了，但是范家偏不，因为他们有一位老夫人。

五品宜人范老夫人冯氏就这么一个儿子，如今白头人送黑头人，如何能咽得下这口气，非要找董家讨个说法。冯氏敢来，还是有几分底气的——她的娘家冯氏在朝野颇有威望。

冯氏的父亲冯恩是嘉靖五年（1526年）进士，尊王阳明为师，执弟子礼。六年后，冯恩做了一件大事：他上疏攻击为嘉靖皇帝争大礼的三名大臣张璁、方献夫和汪鋐。打狗看主人，冯恩分明是向皇帝发起进攻。嘉靖皇帝勃然大怒，将冯恩下诏狱，判死刑。

冯恩的儿子冯行可，也就是冯氏的哥哥，当时年仅十三岁，奔赴宫门上书求代父而死。嘉靖皇帝不准，冯行可又以刀刺臂，以血写书，自缚于午门之前，再度为父求情。气终于消了的嘉靖就坡下驴，看在孝子冯行可份上饶了冯恩一命。

后来父子俩凭着这桩"忠孝"美谈，得以并祀乡贤祠。冯家以此名动朝野，是华亭明星级别的家族，即使到了董其昌事发之时，冯氏还有进士出身的弟弟冯时可、举人出身的侄子冯大受撑腰。

说白了，冯氏这场兴师问罪就是冯、董两大家族的角力。一般而言，乡间缙绅之家彼此都要给个面子，如果此时双方都能保持冷静，董家给予一定的慰问安抚，事情还有转圜的余地。但也许因为之前被编排惨了，董其昌又认定是范昶创作了剧本，所以他的气也没有消，对打到门上的亲戚家女眷做了一件很不体面的事，正是这件事，让整个事件如脱缰野马，一发不可收拾。

三月初六，范昶头七未过，八十二岁的冯宜人、儿媳龚氏以及三个家中婢女乘轿前往董家。几名女眷先是在董家门口捶门哭骂。一开始，董家并不理他们，但这么一闹惹来了不少人围观。

过不一会，董家大门突然打开，家仆一涌而出，在二公子董祖常指挥下，对冯家女眷展开袭击。一众家奴将女眷轿子砸坏，扔到河里，甚至对女眷动了手。冯宜人被推入沟渠中，龚氏在拉扯间衣衫破碎，其他三个婢女则被棍棒招呼，受了一顿打。

董祖常坐在大门口亲自指挥，还对看热闹的人说，这就是闹事的下场。也许是几名婢女骂得难听，家奴又把她们拉进坐化庵中进行侮辱，将黄泥涂到她们脸上，扯烂了她们的衣服，几名婢女衣不附体。

董家出了大事，更多人跑来围观。女人被打被辱，通常是引人同情的，更何况人家死了男人，女人是来讨公道的。而董家奴仆的凶狠、董祖常的嚣张，更加引起了围观群众的指指点点。但现场实在凶险，人们除了声援，并不敢阻止。

这时，没有一起去董家的范昶儿子范启宋跑到官府以求解围。所幸有严知事出面说和，经过一番扰攘，范家妇人们才得以逃脱。范家这一天的状况引起了民众的义愤，老百姓看在眼里，对于孤寡妇人的同情让事情悄悄地发生了变化。

董家平时得罪人多，在乡里也实在不太受人待见。作为骤然发家的上升期门第，董家在累积财富的过程中，免不了与乡人产生各种矛盾，原理逻辑和前章所述董份、范应期的遭遇大同小异。

董家得罪人主要在两个方面。

一方面在于扩建宅子引发的拆迁问题。董其昌和所有缙绅一样，通过联姻来巩固自己家族的地位。他为董家老三董祖源娶了徐阶的玄孙女，该女同时又是申时行的外甥女，这桩亲事让董家一下子巴结了当地两大家族徐氏和申氏。

徐氏娘家势大，陪嫁嫁妆非常丰厚，为了供这尊大神，董其昌为董祖源扩大住所，逼买邻居家的房子。有"钉子户"不愿搬走，董家奴仆就上房揭瓦，逼着人家露居雨立，"钉子户"再也坚持不下去，被迫认栽。董家通过这些手段逼走邻居，鸠占鹊巢，扩大了宅第，但这些阴损招数自然引起了乡党的非议。

另一方面，董家老二董祖常也是特别能为董家招恨的人。华亭乡里传他不学无术，却冒占生员，平时借着父亲的势力鱼肉乡里。他手下笼络了一批爪牙，之前出面的陈明就是头马，此外还有讼师施心旭、夏尚文等人为他打听消息，包揽诉讼。这些人利用董家的名头，串通官府，勒索钱财，操纵官司。

董家还有一支在外围依附的打行势力。打行是晚明出现在城市中的武行、武馆，有的由以士绅子弟为主的秀才主导，有的由市井无赖构成，一般以武术锻炼的名义，组织人员拜把子，歃血为盟。这些人从事各种需要武力参与的行当，比如当护卫、介入诉讼、包揽钱粮征收、为豪族世家当打手、放高利贷……由此，很自然会延伸出各种罪恶勾当——盗窃、抢劫、诈骗、拐卖、开赌局、仙人跳等。实际上，打行就是明朝城市里的黑社会。

董祖常明里以势逼人，暗里以打行逞凶欺诈，表里勾结，通过放高利贷等手段，掠夺他人房屋田产。这种手段在当时屡见不鲜，许多有势力的乡间官宦豪族，都通过类似手段聚敛财富，只是有人做得过于露骨，便容易招惹是非。

董祖常为人也非常霸道。有一次，他与青浦生员洪道泰等人一起喝酒，他给洪道泰灌酒，对方不从，他竟然遣人把马粪倒到洪家门内；还有一次，生员陆调阳家园子修得不错，董祖常想去他家玩，也许是因为没约好，吃了闭门羹，董祖常发脾气，竟然光天化日之下命人砸了人家的大门。

这个缺乏家教的恶少，实在是人神共愤。因此，争夺婢女绿英的案子不管实情如何，董祖常也被拉下水，传言说是他想霸占绿英才命陈明去抢人。

绿英的事有可能是冤枉他了，但当街打骂范家妇人却是众人亲眼所见的。五品命妇被当众侮辱，她还是白头人送黑头人的苦主，怎能不引人同情。

接下来的几天，一股暗流在华亭县涌动，各方力量都在暗自蓄力。只有董家不知道，自己已经摊上了大事。

董家打的是范家人，得罪的却是冯宜人背后的冯家。前面提到，冯家的势力非同小可。这次冯家感到被侮辱了，异常愤怒。冯恩的六子、冯宜人的弟弟冯继可代表冯家出面，写了诉状告到官府。诉状里把冯氏写得要多惨有多惨，最后把问题从冯、范两家的事上升到所有士绅一起受辱。所以冯家撂下狠话："情关一体，誓不返兵，用是举族会盟……誓剪元凶。"

这份诉状相当于给董其昌下了战书，是冯氏族人经全体大会决定发出的，这说明冯家已经全体动员。作为当地老牌缙绅家族，冯家也有进士和万贯家财，身后同样有着盘根错节的姻亲关系。冯家非常聪明地拉上了同样很有实力的龚家，董、范两家作为连襟，冯家至少争取到龚家两不相帮；此外，冯家还想拉动合郡士绅到自家船上。

发出诉状后，冯、范两家首先展开了舆论准备工作。范启宋四处联系同学，冯家则发动门生。由于董祖常平时在生员中声名狼藉，秀才群体很快倒向冯、范两家。

秀才群体的风向，也代表了民间舆论的风向。"蓝袍大王"本就是各家族里有点地位的人物，他们在家族中说的话很多人都会听。同时他们识字，可以通过揭帖、传单、书籍、曲艺等方式调动乡人情绪。他们相当于今日的网络"大V"，"大V"们发声，民意也会随之而动。

从三月初十开始，连续几天，华亭县内大字报四处传播，不认字的妇女儿童开始传唱歌谣："若要柴米强，先杀董其昌。"这几天在华亭做买卖的徽州、湖广、川陕、山西等地客商，每人手上都被塞了一张传单，上书："兽宦董其昌，枭孽董祖常。"无论三教九流都能看到这些传单。其内容毫无疑问是出自生员之手，在他们的煽动下，乡间怨声载道，人人义愤填膺。

在这关键的几天里，如果官府及时出面，或可将事情平息，只是三月十一日到十三日间，府衙正好空悬，署理松江海防同知黄朝鼎、松江府推官署理华亭县吴之甲外出办公，并不在府城。

民间暗流涌动，董家又在干什么呢？当时，董其昌不在县城，而在苏州。苏松巡抚驻地在苏州，因而人们疯传董其昌到苏州向巡抚、督学衙门告状去了，要勾结高级领导陷害范家。

面对汹汹之势，乡绅希望从中说和。三月初八，吴尔成再度出面，给董其昌写了封信，力劝董其昌赶紧收手："阁下只宜返躬引咎，愈自抑损。"意思是说，老兄啊，赶紧韬光养晦，认个错吧。显然，吴尔成听到了一些风声，希望董家息事宁人。

只是以董其昌的脾气，怎么可能让步？他命家仆按照自家对事件的解读，写了事件的另外一个版本："范启宋唆使众人，统率打行百余人，抬着八十岁的祖母登门闹事，殴打董家家人，致三人垂危。"看董家这份声明就能明白，董其昌非要与对头斗个你死我活。

正在苏州忙活的董其昌，恰好碰到了一名同乡生员，生员名叫孙肇元，正好去学府补考，三月十三日，他在学府等候成绩，完事后与董其昌在城门相遇。董老怀疑孙肇元要帮范启宋出头告状，也不顾体面拉着孙肇元骂起来，两人吵架的声音，连学府的人都听到了。

要说董家对仇家的动作一点反应都没有是不可能的，骂孙肇元就是董其昌在府城活动的一部分，目的是堵住对手来苏州告状。某种程度上，这样做也不能说错，因为范启宋的确来告状了，只是董其昌没堵到。第二天，也就是十四日，范启宋进了苏州。

董其昌想到的只是走上层路线，觉得以他的面子，获得苏州巡抚、督学衙门的支持便可将事情摆平。但他完全没有料到，此时的华亭乡间已经处在水开前一刻，只要再加一把柴火，整个华亭就要沸腾了。

这一把柴，就是代表董家科举显赫成就的牌匾。

❖ 第一天的攻防战

在县学的明伦堂上，有一块代表了董其昌科举成就的牌匾，彪炳着这位会试榜眼辉煌的功绩。董其昌社会地位的提升，就始于这块牌匾。

三月十五日，天还没亮，以生员冯鼎爵为首的几个人悄悄潜入县学，一起将全国第二的牌匾拆下来砸了。这一行动，拉开了"民抄董宦"的序幕。

初一、十五都是拜神上香的日子，庶民有庶民去的庙，生员有生员拜的神，这一天按照惯例，生员们要到县学，给孔老夫子上香。当生员们来到明伦堂，一眼看到被砸烂的匾额，就明白了这就是统一行动的信号。现场有人散发揭帖，众人议论纷纷，聊的当然是最火爆的城中大事。

这时有一个叫郁伯绅的生员站了出来。此人年纪不轻，是范昶的同学，平日颇有侠义之心，口才也出色，此时他成了鼓动生员的主力。郁秀才在县学里控诉董家残暴，把董家平时的罪行添油加醋一通数落。

随后，生员张复本、翁元升、姚瑞徵、沈国光先后发表演讲，从不同角度谴责董家的恶行，早已经被舆论影响的生员们彻底被煽动起来。

府城生员的行动显然是有预谋的。就在前一天，松江府学、华亭县学、上海县学、青浦县学、金山卫学五学生员，已经推举代表写了一封《五学檄》，要求官府惩罚董家。

这篇檄文写得不错："并数其险如卢杞，富如元载，淫奢如董卓，举动豪横如盗跖流风，又乌得窃君子之声，以文巨恶。"

卢杞，唐朝人，曾官拜宰相，为人狡诈。郭子仪见过卢杞后，说他"形陋而心险"。他先后进谗言贬谪杨炎、颜真卿、杜佑、钟馗等人。后来曾非常宠信卢杞的唐德宗问手下："所有人都说卢杞奸邪，朕竟然不知道！你知道当中的原因吗？"李勉回答："天下的人都知道卢杞奸邪，却只有陛下不知道，这正好说明他奸邪啊。"

元载也是唐人，出身贫寒，也曾官拜宰相，独揽朝政。一朝权在手，元载便大肆敛财，凡是想求官进仕的，都要向他的儿子、亲信赠送厚礼，贪腐之风公开流行。他在京城南北修建了两座府邸，豪华宏丽，冠绝百官，城南的宅子规模更是宏大，仆婢众多，歌姬成群。

董卓则是三国时期著名权臣，荒淫残暴，筑郿坞藏金二三万斤，银八九万斤，锦绣奇玩堆积如山。

书生们引用三人的典故，控诉董其昌是奸臣、财富来路不正以及淫乱三条罪状。又说："畴昔金阊凌宦，只因一士之仇，今日玉峰周家，亦非通国之怨，较之此恶，不啻有差。"

说完古人又说今人。"金阊凌宦"指的是苏州原兵部尚书凌云翼的儿子凌玄应，他依仗老爹的权势横行霸道，看上了邻居章士伟家的房子，想方设法要把章家宅子占了去，在争执中将章士伟殴打致死。玉峰周家，说的是昆山周元暐。他著有《泾林续记》，书中牵涉时事和宫闱秘闻，可能也是因为得罪了乡人，被数百人诉讼到应天巡抚处，朝廷命锦衣卫将周元暐下狱。

书生们此处提及的两件事，颇有威胁上官的意思，潜台词是，如果不及时处理，很可能酿成群体事件。

也许是无心，又也许就是要趁这个机会，生员们一起来到松江府府衙（华亭县是松江府的附郭县，县衙、府衙都在城内）。此时两位上官，署理松江海防同知黄朝鼎、松江府推官署理华亭县吴之甲也回来了。生员们跪在地上，七嘴八舌控诉起董家如何欺辱生员、侮辱范家的情形，恳请官府出头惩治董祖常与陈明。

生员们的行动是当时非常流行的公举，也就是走上诉官府的路线，同时民间另一股人流正在汇集，涌向龙门里董家。生员的行动，带动了民众，郁伯绅煽动的可不只是同学，看热闹的平民百姓也被煽动起来，人们开始聚集，在生员前往府衙公举之时，老百姓则冲向了董家。

日后民间认定是"民抄董宦"，董家认为民众分明是被秀才煽动的，所以是"士抄董宦"，后来为这事还进行了旷日持久的争讼，此处先按下不表。

面对前来兴师问罪的老百姓，董家也在做安抚工作。董其昌的堂兄董乾庵、董光大，还拿着董家诉冤的揭帖沿途分发，但百姓不买账，从袖中抽出扇子打董家人，甚至有拾砖块乱打的，董光大等人顿时作鸟兽散。民众情绪越来越激动，人数也如雪崩一般越卷越多，等到了董家，已有不下万人。

事到如今，董家终于觉察到事情的严重性。幸好他们早有准备，令事先雇佣打行的打手进入宅第守卫，并赶紧关门闭户。老百姓抵达董家，双方上演了一场精彩的攻防战。民众先是扯下门前的旗子，守卫的家仆、打手则在围墙上泼粪驱赶人群。民众又登上周围的房子，拾起瓦砾炮轰守军，董家墙头的"火力"被压制后，墙外的砖头石子如雨一般飞入董家，门窗家具被砸毁不少。

看到董家暂时攻不下来，人群中不知道谁吆喝了一句："陈明这恶奴最为凶横，咱们先去砸了他家。"人们一呼百应。

陈明的宅子和董家隔着一条小河沟。人们涌过小桥，来到陈明家。陈家此时恰好在办白事，陈明母亲不久前死了，正停棺家中。董家能雇佣打行守卫，但陈明没这本事，陈家被民众一通打、砸、抢，甚至放在棺材里陪葬的财物也被哄抢一空。

花开两朵，在府衙这边，黄朝鼎、吴之甲两位当官的也认识到事情的严重性。面对生员诉求，只能办事。他们派出衙役来到陈家，大张旗鼓地抓人，陈明在众目睽睽之下被抓走，人群也就跟随衙役们走了，如此一来也算解了董家之围。

陈明被抓到府衙，不说别的，就冲挑起了群体事件，上来先挨二十五大板，然后收押班房。松江府随即出榜安民，以署理松江海防同知黄朝鼎名义示下："老百姓有情绪，本府完全理解，也依法为民申冤，如今已捉拿陈明，百姓有冤屈可以写成诉状到本府告状，本府自会为你们做主。但百姓还须速速散去，切勿以身试法。"

陈明被处理，总算大快人心，生员们也很给面子，齐声夸赞有关部门处理及时。看着已经到中午了，老百姓也得回家吃饭去，人群逐渐散去。

大伙吃完中饭，下午三时左右，渐渐又有一些好事者聚集起来。人群中有人忽悠：不如一把火把房子烧了。只是天公不作美，下起了雷阵雨，好事者看着这也没法烧啊，人群再次散了。

官府提着的心也放了下来：把人处理了，事情的火头就熄了，多么机智果断！只是当官的实在是把事情想得太简单了。

到了晚间，又有一股子妖风刮了起来——传闻范母冯宜人死了。人群又开始骚动。董家听说这事，吓得不轻，这一天的攻防战好不容易守住了，如果仇家这尊大神碰巧死了，那还不得掀起更大的波澜？董家担心范氏明天会抬尸登门哭打，于是连夜增兵，召集打行头目吴龙等人，让他们率领更多的打手进董府防卫。

十五日晚的华亭，总算平静下来，万家灯火间，人们兴奋地讨论着白天的城中大事。只是，树欲静而风不止，八方风雨会中州，还有一批人马正日夜兼程赶来，此时只是暴风雨前短暂的平静。

✧ 火烧董家楼

三月十五日夜只能算中场休息，三月十六日，"战事"又开。这次的主力已经不是府城华亭县人士，各色人等从四面八方汇聚而来，有上海县、青浦县和金山卫的人，他们经过长途跋涉，在天黑关城门之前涌入了松江府城。

前一天的事件以生员为主导，主要还是为范家出头，讨个公道。十六日这天，进攻主力就变成了地痞流氓，与董家有仇的人都趁此机会粉墨登场。

这一天恰逢倒春寒，傍晚刮起了西北风。人们聚集的时候，仍是微风习习。傍晚六时，日头正好下山，天还未完全暗下来，四方人群渐渐汇聚到龙门里董家门前，开始起哄讥骂。

董宅其他亲属女眷早已转移，府内只有奴仆、打行的人手。他们见人群势大，不敢还嘴，只能坚守不出。

或许是董家的首席奴仆陈明的民愤更大，人群首先扑向陈家，在与陈家有仇的人带领下，一把火将陈家点燃，连带陈明母亲的棺材也被一把火烧了干净。首战告捷，壮了胆色的人群又转过来针对董宅。

人群中夹杂着许多与董家有仇的人。有的是新仇，比如说华亭人曹辰。此君是城中恶少，平日喜欢起哄。前一天老百姓围攻董宅，曹辰也来了，站在董宅门边看热闹。乱哄哄之间，曹辰被董家奴仆撞倒了，两人发生了口角。董家以为他也是来闹事的人，就将他拉进宅中，把他衣服剥掉一顿揍。要说曹辰无辜也好，有意也罢，反正就这么莫名其妙地挨了打，与董家结下了仇。

有的人与董家是旧恨，比如王皮。此人是城中泼皮，本来与董家没什么瓜葛。但他与一个名叫盛心洲的人发生了纠纷，两人到官府打官司，盛心洲使钱托陈明出面到官府活动，让王皮在官司中吃了亏，王皮间接与董家结下了仇怨。

此外还有一个神秘的胖子，没人认识他是谁，只听他说话口音是上海人。他和王皮、曹辰成了人群中领头的人物，鼓动人群：我们冲进去，一把火烧了董宅！

混在人群中的打行班头、绰号"一条龙"的胡龙，还有绰号"地扁蛇"的朱观，作为接应，继续煽动在场群众冲进董宅抢夺董家的财货。之前城中已有民谣流传："若要柴米强，先杀董其昌。"经过舆论动员的群众，无不跃跃欲试。

王皮不知道从哪里拽出一张凉席，把凉席和火种交给两个小孩，指示两人上房。只见这两个孩子手脚敏捷，几下就爬上了董宅围墙，两人点着凉席，把它扔到董家门房里。

当晚因为变天，西北风越刮越大，火苗蹿出门房，波及了茶厅。火头起来后，宅内的防守便瓦解了，家仆、打手也跑了。王皮、曹辰、"一条龙"、"地扁蛇"、金留、赵二等人振臂一呼，百姓破门而入，在火势中开始哄抢。

其中有几个领头的特别起劲。"一条龙"、"地扁蛇"、金留、赵二等人光着身子冲入厅房，抢出董家的桌椅扔入火中助燃，火势愈加一发不可收拾。人群中甚至还有董家的亲戚。董其昌有个族兄弟叫董元，平日里得罪过陈明，此时前来报仇，成为劫掠人群中的主力。

董宅周围的唐宅、杨宅、西坐化庵与王宅，怕被波及，连忙竖起灯笼，上面写着家宅名号，以示区别。老百姓倒还规矩，并没烧抢董家邻居，甚至看到火头烧到其他人家，还一起动手将火扑灭。

进入广场效应的百姓，人人奋勇，个个争先。虽然火势渐大，但出于对财货的渴求，人们仍然拼了命似的冲入宅中，将董家财货洗劫一空。董其昌搜集的古今珍贵书画、篆刻也被付之一炬。

烧了董家楼，乱民仍不解气，又开始满城寻找董家产业。董祖常是侮辱范家夫人事件的主犯，他的房子自然受到重点"照顾"，很快就被烧了；前述三公子董祖源的房子，是逼迁许多老百姓建成的，有房二百多间，亭台楼阁富丽堂皇，落成不过半年，也被乱民烧抢一空；唯有董其昌长子董祖和因为平时比较老实，民怨不深，家宅得以保留。

这一夜的松江府，满城是人。他们打着火把四处横行，董家几处产业浓烟滚滚，火光熊熊。倒霉的不止房子，几乎所有与董其昌有关的东西都遭到毁坏。坐化庵正殿上有一块牌匾，上面的"大雄宝殿"几个字是董其昌写的。眼尖的百姓看到后，捡起砖头砸向牌匾，庙里的和尚连忙搭梯子将牌匾取下。老百姓一哄而上，刀棒齐下将牌匾砸成了碎片，大家非常开心，齐声欢呼："碎杀董其昌也！"

面对骚动的城市，官府哪儿去了？事情闹大之后，黄朝鼎想点兵去弹压，轿子走到理刑厅前，却被吴之甲阻挡下来："大人千万别去，现在城中百姓几万人，你这点人去，非但无济于事，处理不当，恐怕会激起其他变故。"黄朝鼎想想觉得也是，于是暂时按兵不动。

接近凌晨时分，人群稍散之时，官府差人和董家奴仆才敢出来维持秩序。此时还有一些人在废墟上扒拉东西。有一对兄弟邱福与邱五，邱五进去抢掠，邱福在门外把风，当差人、奴仆赶来时，人群一哄而散，邱福连兄弟都不管就自顾逃走，邱五被抓个正着。

对董家而言，这一夜就是他们的"玻璃之夜"。董家在城中好几处产业被烧，其中，董家祖宅画栋雕梁，朱栏曲槛，园亭台榭，密室幽房，数百间华厦就这样被付之一炬。

过了几日，不仅城中董宅被焚，城外白龙潭的一座藏书小楼也被百姓一并焚抢一空。楼上的"抱珠阁"匾额被百姓抢下来，扔到河里，人们又欢呼雀跃："这是董其昌沉入水底也。"

前前后后，董家总共有四处宅第被焚，损失惨重。

在董家被烧的房子遗址上，众人争相写上各种淫言秽语，但有一位老翁的题诗分外醒目：

福有胎兮祸有机，谁人识得此中机。

酒酣吴地花颜谢，梦断鸳鸯草色迷。

故国富来犹未足，全家破后不知非。

东风惟有门前柳，依旧双双燕子飞。

◇ 围绕士抄，两方爆发的政治角力

火烧董家楼，是一次松江地区的集体无意识行动，是暴民的狂欢。董家几乎一夜破家，董其昌因为去苏州活动，仅以身免。

直到董家楼的余烬熄灭，官府才出榜安民。松江府、华亭县各出了一份告示。

松江府继续和稀泥："董家平日得罪人多，陈明也已就范，本府十分痛恨，正要大行惩戒。今天百姓已经将他家烧了，也抢了不少财物，已经足够惩治他家的罪过。大伙赶紧散了，不要再生事端，不然本府可要执法了。"

到三月十七日，市井还没有平静下来。有一名五十多岁、穿着白绸衣的士绅，就因为手里的折扇扇面是董其昌所题的，就被几十人打了一顿，折扇和衣服都被扯坏了。

华亭县连忙推出更为强硬的告示："因为陈明虐辱范妇，董宦素多招怨。现在一把火烧了董家，两罪已经抵偿。老百姓如果再闹事，府县就要抓人，当乱民而论。"

府县两地的告示，乍一看很正常，一方面平抑民愤，另一方面出言威吓，旨在让人群赶紧散去。

但官府出的文告岂是如此简单的？所有文告的主语都是"民"和"百姓"，这两个称谓在明朝是有所特指的。

再看松江府上呈公文里，也是明确将"士"与"民"分开，认为三月十四日、十五日参与行动的有"士民"，也就是有士子也有平民百姓，到了十六日火烧那日，参与者又只剩下"民"了。

松江府还特地指出，十六日火烧董家楼一事并没有生员参加，都是百姓所为，还说烧的不是董其昌所住的"宦宅"——烧了官宦所住的房子，罪过是很大的。所以公文话里话外，都是想降低事件的严重程度，同时保护府中的生员。

明朝的户籍，是为了满足国家服役需求而定的。按照朱元璋定下的规矩，"民"指儒生、秀才、医生、猎户、富户、风水师、商人等，此外还有"军"，指的是卫所世袭军户，"匠"就是工匠，"灶"是煮盐的。不过，那都是官府层面的，民间通常按照士、农、工、商划分，分门别类更细。"士"包括所有有功名的秀才，"农"专指农户，"工"是工匠，"商"就是商人；除此以外还有"贱"，是指乞丐、娼妓、戏子、奴仆、疍家等。

此处，官府把士子与民众分开，相当于把火烧董家楼事件的主体责任分化到所有人身上，表明是一起覆盖面广的群体事件。

遇到这种牵涉面广的群体事件，大明官员的通常做法就是大事化小、小事化了，扩大打击面，借"法不责众"来降低事件严重程度，从而把板子高高举起再轻轻放下，这样既平息了事端，又能给苦主一个交代，事情就这么混过去了。

但是，这次的苦主是董其昌，也是在官场中混迹多年的人精，官府的企图，岂能逃过他的眼睛？

董其昌揪着"名分"二字穷追到底。他向老朋友吴尔成申辩，此事就是生员闹事，松江府说"民抄"是不对的。董其昌抓住了问题要害，"未求正法，先求正名"。所谓名不正则言不顺，如果在最初认证主体时放过了生员，就等于放过了主谋。因此他在诉状中对此穷追猛打，认定主谋就是十四、十五日挑头闹事的生员，事件不是"民抄董宦"，而是"士抄董宦"。

在一个地方，没有舆论，如何能掀起风浪？此番事件当中，舆论就是由生员掀起的，无论是陆兆芳的同学，还是官宦门第的冯家，都是能在地方兴风作浪的势力。否则就凭一帮不识字的平民百姓，连四处散发的传单都写不出来，又怎么能组织起成千上万人闹事呢？

董其昌不傻，而且他在地方也有庞大势力，那些幕后的谋划，像冯家开族中大会要向董家寻仇，他岂能不知。所以在董其昌看来，此事毫无疑问就是生员闹事。接下来，松江府乃至南直隶的官员们，开始了围绕"民抄"还是"士抄"展开的政治角力。

第一回合，吴之甲作为松江府附郭县的负责人，首先来审理案件，查明事情原委。

吴之甲上报那几日事件发生的情况。三月十四日、十五日生员有参与，要求官府为范氏申冤，当官府抓捕陈明下狱后，诸生已经收手了。如作为苦主的范启宋都去了苏州告状，不可能在现场，而与董家有利害关系的陆兆芳只不过是拍手称快而已。其他生员没有一个人在现场。十六日那天，是王皮、曹辰等人煽动民众烧抢，还有地痞流氓"一条龙"胡龙、"地扁蛇"朱观、赵二、金留等人也是其中的积极分子。这些人或多或少与董家有旧仇，因此借众行凶。

吴之甲大致上将生员与地痞流氓区分开来，认为火烧董家楼与诸生了不相干。如果非要捉拿所谓的首恶，那就处理乱民。他还建议上官，此事应该在官府公开审理，处罚该重的重该轻的轻，方能平复松江府的民怨，不然纵使有兵有捕快，也不足以抵御广大人民群众。

吴之甲的处理意见是朝着大事化小、小事化了的方向去的，不触及生员阶层，只抓几个首恶杀一儆百。

这份初审意见递交上去后，不但没有解决问题，还引发了更大的波澜，从督学御史到苏松兵备道，都发出了驳斥批文。

督学御史王以宁认为，事件是由学校闹事引起的，特别是捉拿陈明的要求，生员的诉求带着要挟意味，这就激化了矛盾。王以宁斥责地方，当事情发生时，官府束手无策，当事情结束要处理时，就以几个无赖顶罪了事。他还点名吴之甲，不是抓不到人吗，那就去查那些传单手札是从何而来的，除了生员，还有谁会写字、写文章？

王以宁不顾官员彼此之间的体面，扔下狠话：如果再这么推诿糊弄，那不如自劾而去算了。王以宁是督学御史，有权管士人的瓜葛，手中还有参劾之权。这就是赤裸裸的威胁，如果吴之甲继续糊弄，王以宁就要参他一本。最后王以宁命苏松兵备道介入，责成县学、府学教官，多抓几个开启祸乱的生员。

苏松兵备道也行牌驳斥吴之甲，董家被整成这样，岂是抓两个无赖就可以搪塞过去的？而且兵备道还特别提醒，金留自比砸了税监衙门的葛成，就是存心要闹事的，不能轻易放过。

说起葛成，那可是江南民变传奇式的人物，也可以说是"革命斗争"的前辈。万历二十九年（1601年），苏州织工葛成挑头，率领苏州民众，对驻守当地、横征暴敛的矿税太监发起斗争。苏州民众赶跑了税监孙隆，取得了胜利。

这次"苏州抗税"事件过后，朝廷秋后算账，葛成挺身而出到官府投案自首。对于这样一位敢作敢当的大哥，苏州地方的士绅民众将其奉若神明，尊称其为"葛贤""葛将军"，并且想方设法保住葛成性命。被关押十年后，葛成出狱，成为苏松地区反抗精神的象征。

所以，金留自比葛成，是想唤起苏松民众的集体记忆，再次上演一出人民英雄的戏码。只是此一时彼一时，当初葛成对抗的是中央来的税监，岂是地方家族倾轧引发的事端可以相提并论的？地方官员对此不由得警惕起来。

官大一级压死人，王以宁和苏松兵备道的驳斥都相当严厉，给了吴之甲足够的压力。府县学官只能顺从做事，于是，先后共有十二名生员被抓，其中郁伯绅、张复本、翁元升、李澹、孙肇元是一开始就被学官抓了的，姚瑞徵、冯鼎爵、沈国光、张扬誉、冯大辰是在督学衙门施加压力后被抓的，姚麟祚、丁宣则是被郁伯绅供出的。

一时间，松江陷入了"白色恐怖"之中。秋后算账总是要来的，但过去刑不上大夫，谁见过十几个秀才一同被抓的阵仗？

✧ 赢的不是董其昌

松江府上上下下，人们心知肚明，那天冲击董府的狂潮就是由秀才刮起的。眼下抓了十二人，谁知道穷追猛打之下，还会不会有更多的人被牵连进来。

但处理生员是牵扯到一郡读书人的大事，岂是说办就办的。接下来，轮到松江府的士绅们救场了。

天下进士半南直，南直士子半苏松，松江府是大明的科举重镇，郡中进士、举人数量轻轻松松相当于其他省一省之多，而且他们之中不乏政坛重量级人物，任何一个人都能让地方官员礼让三分。

这次，总共有七十九名士绅走到台前。他们写了两封信，一封是有官身的二十八人出具的公书，另一封是五十一位举人出具的公揭。事件处理进入第二回合。

合郡孝廉的公揭措辞严厉，把事情完全归咎于董家，认为事件升级是因为董家纠集打行守卫，打手们对围攻的群众扔瓦砸石、泼洒粪便，从而大大激化了矛盾，最终导致火烧董家楼。至于对生员的指控，举人们引用学府申文，认为当时没有一个生员在场，董其昌是在栽赃陷害。

在晚明江南的纠纷中，这种各执一词、公说公有理、婆说婆有理的局面，是很难打破的。关键在于这次举人公揭有五十一人参与，这些人来自华亭、上海、青浦三县，中式的时间从万历十年（1582年）到万历四十三年（1615年）不等。日后，他们中也有不少人中了进士，未来十年里就有十人突围而出。这些举人无疑是当地士大夫阶层的中坚群体。

如果说孝廉公揭代表了势，那合郡有官身者的公书，就代表了权。总共有二十八名有头有脸的在乡缙绅共同署名。这些人或因退休，或因罢官，或因丁忧而居乡，他们是维持地方秩序的重要力量，通常来说，在地官员都要礼让三分。

这二十八人中有不少晚明时期的名士，如吏部侍郎张鼐、太仆寺少卿吴炯、南京工部尚书杜士全、未来的阁辅钱龙锡、刑部侍郎钱士贵，其他人所任职位最低都是知县、推官。可见这份公书背后的政治势力何等强大。

缙绅们的公书锋芒就收敛了许多，他们的策略是和稀泥，针对的也是"三四辈利抢之徒"。他们把整个事件拆分为三段：董家与陆家争婢女为第一段；董家与范家的纠纷，引发恶仆陈明下狱为第二段；火烧董家楼为第三段。其目的也是把第二段中参与揪出陈明的生员们，与第三段的群体事件区分开。

最后他们建议：一方面董其昌大人有大量，不要继续追究；另一方面，学台大人也要考虑化解仇怨，避免结怨太深，为未来埋下祸根。

总的来说，这七十九人相当于松江府好汉合伙在此。他们中有父子，如钱大复与钱龙锡，徐三重与徐桢稷，王孙熙与王元瑞、王秉冲，莫是豸与莫道醇；还有兄弟：杜士基与杜士权、张拱端与张轨端。其中五十四人有着家庭、家族、姻亲关系，代表了郡中错综复杂的乡党关系。

但是，士绅们出头未必全出于本心。他们这些人里，有多少人向郡中著名艺术家董其昌求过字画呢？

比如何三畏，他和董其昌关系很好，曾替他出面与陆家说和；钱龙锡与董其昌是好朋友，未来董其昌的仕途还要靠钱阁老帮忙；陆彦章更不用说了，董其昌曾被陆家请到私塾中任教，与陆彦章亦师亦友，加上袁可立、董、陆、袁三人既是同窗又是同年中进士，可想而知陆彦章对此事的真实态度。这些人参与联署很大程度上是"君子群而不党"，卖一下乡党"组织"的面子。

但不管如何，合郡孝廉和缙绅加起来就是地方上不容小觑的一股势力。通常一个地方祭出这样的全明星阵容到官府关说，没什么事是摆不平的。

松江府的士绅摆足了架势要保护郡中的秀才，整个南直隶都为之瞩目，各级官员连忙写信答复。各人态度也各有不同。

督学御史王以宁态度强硬，先是发问事情因何而起，又抓住缙绅公书把事情分为三段，试图分割责任这一点不放。他说："我和董其昌八竿子也打不着，松江的士子也是我的学生，对我而言，两边是不分轻重的。这事实在太大，肯定不可能敷衍了事。"又软中带硬地表示："我都还没执法呢，你们就让我网开一面，如果日后又发生什么恶性事件，那今天姑息迁就的责任又该谁来负呢？"

应天巡抚王应麟的回复相对简单，就是说士绅们的信他已经收到了，也做了批示，会让督学衙门跟进，改日巡视松江，定当拜会

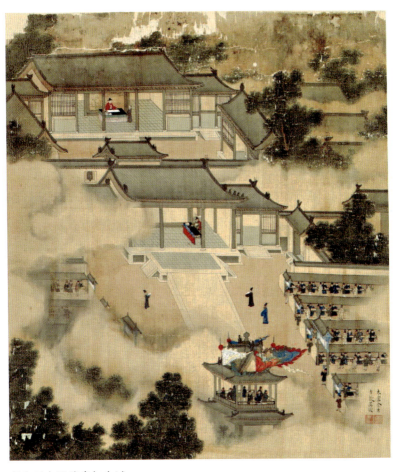

考生正在贡院参加会试

〔明〕余士、〔明〕吴钺《徐显卿宦迹图·棘院秉衡》，现藏于故宫博物院

科举放榜，图为考生观榜的盛况

〔明〕仇英《观榜图》局部，现藏于台北故宫博物院

考生考取进士后赴琼林宴，即皇帝于科举完毕后赐给新科进士的宴会
〔明〕余士、〔明〕吴钺《徐显卿宦迹图·琼林登第》，现藏于故宫博物院

明代街头的纷争场面

〔明〕仇英《清明上河图》局部，现藏于辽宁省博物馆

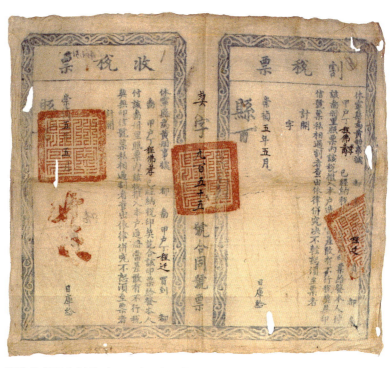

明代收税票和割税票，记录了徽州休宁县赋税收割的情况
现藏于安徽省档案馆

董其昌像

〔清〕叶衍兰、叶恭绰《清代学者像传·董其昌像》，上
海古籍出版社1989年版

钱谦益像

〔清〕叶衍兰、叶恭绰《清代学者像传·钱谦益像》，上海古籍出版社1989年版

各位，当面讨教。王应麟的态度模棱两可，但这种态度本身就有着很深的意味。

吴之甲有了强大外力撑腰，回信就显得悲愤不少。他暗指王以宁"杀人媚人"，为了讨好董其昌，一意孤行。他还说王以宁对他非常不客气，"语涉谩骂"，他感觉受辱了，有了挂冠而去的念想。

吴之甲故意将官府内部上下矛盾公开，一来撇清自己，二来把火力引向了王以宁。他回了一封信不过瘾，然后又回了一封。这一封他继续曝光督学衙门和苏松兵粮道的意见，并再度表明要与海防同知黄朝鼎共进退。

正当两方僵持的时候，巡抚王应麟出面了。他出具告示安民，说官府不会继续抓人，甚至下了一道明确的命令：无论府县，但凡有公差下来抓人，不管有没有手续，乡里都可以将来人扭送官府。然后又安抚生员，让他们回到书屋里去安心读书。王应麟承诺会给督学衙门打招呼，不会罗织罪名构陷生员。

这个告示是王应麟第一次表明态度，虽然他只表明不会再抓其他人，并没有对如何处理已经被抓的生员发表意见，但基本上就是要息事宁人。显然，他并不支持继续闹大事情，这符合一府最高领导对于安抚地方的基本原则。

自此，案子审理进入第三个回合。在领悟了巡抚的精神后，松江府进行了第二次审理，得出结论：孙肇元三月十三日在苏州督学衙门考成绩，事发时不在现场；冯鼎爵三月十四日到嘉兴去迎接叔叔去了，也有不在场证据。

此外，其他人的事迹大多是郁伯绅告发的，如姚麟祚和冯鼎爵毁匾、张扬誉怂恿冯家妇人去董家讨公道、翁元升煽动民众等事都是他告发的，姚瑞徵、丁宣、姚麟祚分发传单还是他告发的。但是到了审理的时候，这些被郁伯绅告发的人全部被旁证洗清了，也就是说所有人的所作所为都只有郁伯绅的孤证。不仅如此，姚瑞徵等还说传单是郁伯绅分发的，谁让郁伯绅当时风头最盛，还告发了那么多人呢？最后松江府把所有责任都压实在郁伯绅头上，说他为了逃脱罪责，就推卸责任给别人，导致学府中所有生员都蒙受了不白之冤。

松江府二审的结果实在是有了翻天覆地的变化：十二名被抓生员只剩郁伯绅一人有罪。丢出一人，保住大家，这其实就是过往处理民变的通常手段；只抓首要，不计其余，这就是当时地方官大事化小、小事化了的手段。

这一来，形势逆转，在乡势力的意志得到重视，董家的主张被压制，官府只交出一个所谓的首恶应付了事。通常而言，事态到此，董家也该认了。

只是这个时候偏偏不是通常，而是特殊时节。前章提到，在万历三十九年（1611年）熊廷弼督学江南时，万历皇帝曾经对江南"蓝袍大王"问题特别批示，要严打士风浮躁的生员阶层，这在中央是达成共识的。

这次在乡缙绅的宅子都烧了，事情还是因为士子煽动而起，朝廷又怎么可能这么简单地息事宁人呢？万历四十四年（1616年）六月，应天巡抚王应麟以事件前因后果上奏，万历皇帝批示："董其昌事，严查首从议处。"过去，遇到群体事件，朝廷经常只抓主犯，不及其余，但这次竟然是"严查首从"，即主犯、从犯要一网打尽。

在万历皇帝心中，严打江南士风的执念从来没变过。皇帝的批示一下，即使有松江士绅联署，还有应天巡抚大事化小，也不好使了。

而且，松江府这份二审结词实在非常马虎，都是积年老官吏了，也不知道怎么就在口供中留了一个明显的矛盾之处。姚麟祚、丁宣、姚瑞徵在一审时的口供是，传单是从陆石麟处得来的，到了二审怎么就变成了由郁伯绅分发？督学御史王以宁以此为突破口，将其他人等的二审翻供全部驳回。最后，他已经不相信松江府能秉公办理了，于是命苏州、常州、镇江三府异地办案，并且着重强调："不能再纵容包庇，以长刁风！"

至此，从中央意愿到王以宁的穷追猛打，松江地方想保生员的企图彻底落空了。苏州、常州、镇江三府会审，得出了第三审结果。

判词一上来先定调子："董宦之祸，始基于士，终凶于民，亦綦烈矣。"生员是始作俑者，既然士子是庶民的榜样，那么两者一起犯事，怎么可能严于律民而宽以待士呢？调子定好，后面的案情就容易了。

郁伯绅的作用是所有人都看得见的，他是事件主谋、首脑，确凿无疑；张复本、翁元升、姚瑞徵、沈国光四人都在府学里演讲，巧舌如簧，是郁伯绅的羽翼；李澹与范启宋只是说过几句话，却被董家家仆看到，因而被告发；张扬誉、冯大辰是范启宋的亲戚，为亲戚投送申冤诉状也是有的，但并没有分发传单。

至于当日府学传播的传单，按陆石麟供说是来自方小一，方小一又供称来自方世学，方世学呢，则说是十五日在家族祠堂的门上揭下来的，然后给了他老师马或，陆石麟、姚麟祚凑在一旁观看，另一名生员丁宣将传单团成一团扔到河里，传单这才四处散发的。

　　这次审判的案情比前两次都要推进了一些，但是看上去仍然漏洞百出，其中一点就是传单被团成团扔到河里，却竟然不沉于水中，还能被其他人捡了去？

　　可见三府会审仍然在努力为部分生员开脱，才出现如此不合常理的"事实"。不过三府会审相当于三审定谳，也对涉案的士子与庶民做出了判罚。

　　郁伯绅、翁元升、张复本、姚瑞徵和沈国光被判打板子并革除生员资格；李澹、张扬誉、陆石麟、冯大辰、姚麟祚被判打板子并降等；马或、丁宣、方小一被判打板子；冯鼎爵获释。

　　"刁民"这边，金留、曹辰皆首恶，判斩；胡龙等未参与放火，但趁机抢掠，与说书的钱二一同被判了流放；邱五、邱福兄弟被判打板子。

　　至于引发事件的两名生员，陆兆芳被革去生员资格，范启宋之父死于非命，门庭被辱，做出一些激烈行为也情有可原，不再追究责任。

　　董祖常房子被焚抢，也不再追究；陈明为主招祸，但本身也受到了很大的惩罚，只被判打板子了事。

　　这份判词虽然杖革了五名生员，其他人或降等或打板子，但并无一人受到更重的惩罚。而庶民那边，两人问斩，多人流放，显然更重的板子还是打在了烧抢的民众身上。

　　果然，三个臭皮匠顶一个诸葛亮，三府推官联合办案，做出了一个政治手腕高超的判决，既秉承上意，罚了主犯、从犯，又给督学御史王以宁面子，"严惩"了生员。最关键的是还安抚了松江府七十九位重要的士绅，板子高高举起，轻轻放下，放过了大部分士子，只有五人被革除功名。至于董其昌，也没什么话可说，他的诉求，即将事件定性为"士抄"，也在一定程度上得到了支持，虽然里子有点不足，但至少面子上是赚了回来。

　　整个判决结果里，有两个人的惩罚很值得玩味：一个是陆兆芳，一个是陈明。这两个人就是所有事情开始发酵的源头。陆兆芳虽然没有参与后面一系列事件，最多幸灾乐祸说了几句痛快话，但依旧被革除了生员资格；而陈明呢，纵然是一个奴仆，且民怨甚大，承受了民变一半的火力，但从其他引发事件的人的判决来看，怎么不该罚没家产，充军流放啊？两人的处罚又有什么玄机呢？

　　他们的结局正好反映了事件最初的是非曲直。在陆兆芳与陈明的争执中，婢女绿英本就属于陈明，是被陆兆芳夺占的，虽然陈明暴力抢人，但终归占理。因此不管陈明引起了多么大的民怨，在这次事件里也不会被拿来开刀祭旗。

　　扰攘了大半年的董家大案总算落下帷幕，董其昌在一场破家的惨祸之后，捡回一点颜面。对他来说，面子极其重要，董家想在地方立足下去，要的就是这点面子。

✧ 董其昌动了谁的蛋糕

对于这种群体事件，地方官府最常见的做法就是息事宁人，抓几个挑头的流氓处理一下，事情也就过去了。就如董份事件中那样，董家虽然也很有势力，但最终也只能消极对抗，大事化小，小事化了，毕竟破财挡灾是最直接的解决方案。

但董其昌偏不，他非要把事情闹大，揪住"士抄"做文章。这些士子，不少来自郡中的大族，这些大家族背后谁没有门生故史，没有同学亲戚呢？要追究生员责任，打击面就会非常广，那就是要与合郡士绅作对。

以董其昌的聪明，他会想不到这层利害关系吗？

董其昌当然想得到，但是，如果在这个时候退缩，那董家未来还能在松江立足吗？况且作为新崛起的家族，董家与范家、冯家这些老牌官宦家族的争执，分明是松江政治格局的一场斗争。

要理解董、冯两家的恩怨情仇，必须深究董其昌与冯家的大佬冯时可的关系。

这两人都颇有文名，为一些文人所推崇，与邢侗、王穉登、李维桢一起被推为晚明文坛"中兴五子"。

董其昌曾说，自己与冯时可早年有交往，乡居之时，两人书信往来，诗词唱和。按其说法，两人关系还不错。但此说颇有点攀龙附凤之嫌，因为两人年纪实在相差有点大，董其昌是嘉靖三十四年（1555年）生人，冯时可则生于嘉靖二十年（1541年）。

冯时可是隆庆五年（1571年）进士，然后一直在外任官，第一次致仕回家是在万历十二年（1584年），此时的董其昌连举人都还没中，不过是普通生员而已，在字画之途上也没出名。因此，在董其昌中举之前，两个年龄悬殊的乡里不太可能有什么交情。等到董其昌显贵，在万历二十八年（1600年）回乡之后，冯时可则一直在边远地区为官，两人几无见面的可能。

两人更多是因为"五子"的关系产生交集。董其昌说两人多通过书信往来，由此可见他们最多是文学家之间的交往，至于关系有多好、谁更积极主动也是难以考证的事。

关于"五子"的交情，还有一个小典故，邢侗的朋友将"中兴五子"的诗词结集出版，想请冯时可写篇《五子赞》。一开始冯时可是拒绝的，说："我以文学出名为耻，也以文学结党为耻。"后来还是"五子"中名声最大的邢侗亲自出面，与冯时可交友，两人混熟了，冯时可才写下了这篇文章。

在另外四人中，邢侗、王穉登、李维桢三人都是闻名已久的文学明星，冯时可能与这些人并列，并不丢人，但此时［万历三十三年（1605年）］的董其昌只是后辈，冯时可说的"以结党为耻"指的又是谁呢？

除了文坛的恩怨，两人在朝堂上的政治分野也很值得细品。冯时可的政治立场可以从他在朝堂上的朋友处发现端倪。他与邢侗是莫逆之交，两人又有共同的好友黄克缵。黄克缵、邢侗是齐党，都是东林党的对头。

纵观冯时可仕宦生涯，所到之处不是贵州就是广东，要么就是云南，全是烟瘴边陲。邢侗还曾向朝中齐党的同僚举荐过冯时可，但后者还是被派到了边疆。冯时可在广东任上时，又被亲近东林党的李应魁参劾而继续遭贬谪。理清楚冯时可背后的政治关系，就可知他是得罪过东林党的人，因此长期被贬谪边疆。

反观董其昌，他在湖广学政任上，得罪了许多当地的官宦世家，甚至导致学府被士子冲击，因而辞官回乡十多年，终万历一朝不得出头。这说明他彻底得罪了楚党。回乡之后，他通过书画结交了东林大佬顾宪成、高攀龙。直到泰昌元年（1620年），朱常洛即位，董其昌才以太常寺少卿一职复出，而此时正是东林党全面掌权、权势最盛的时候。

捋清楚董其昌和冯时可的政治背景，就知两人在政治上的对立关系是相当清楚的。整个万历朝，齐、楚、浙党联合对抗东林，那么就算两人早年关系尚可，到了万历四十四年（1616年）这个党争已经打得火热的时候，无论如何也不可能有好脸色给对方了。

因此，董、冯两家在此背景下，原有的矛盾因冯宜人的变故进一步激化。董其昌一步不退，就是因为自己亲近的东林党在南直隶的势力很大，如果不趁此机会压倒有冯时可长期贬谪在外的冯家，那么董家将会因此事而一蹶不振。而且，恰逢此时应天巡抚王应麟、督学御史王以宁都和董其昌关系不错，所以董其昌为了震慑乡中针对自己的生员群体，非要对他们穷追不舍。

每一个事件背后，都有复杂的人物关系，这起"民（士）抄董宦"的大案，不仅牵扯了地方新老家族的旧恨新仇，还是朝堂上两党矛盾的延伸与折射。

在案件走向上，董其昌先输后赢，虽然遭破家毁业，但他对生员的追击，最终也的确让乡中与其敌对的势力被压下来。这使过去一直居乡不问朝政的董其昌不得不直面自己的政治生涯。就算字画再出名，没有政治地位，又如何能保其家呢？

很快，他利用自己与东林党的关系，在泰昌、天启两朝东山再起。泰昌元年（1620年），朱常洛继位，皇帝想起了这位当年曾经给自己讲过课的老师，特地颁旨，起复董其昌，授太常少卿，掌国子司业，参修《明神宗实录》。天启五年（1625年），董其昌还升任南京礼部尚书。

董其昌在经过了万历朝十几年的冷板凳之后，到了党争更加激烈的天启朝，变得更加圆滑，通过与东林党交善而得到起复，又在东林党被打击之后，妄图改变门庭。

他在天启四年（1624年）末撰写了《康义李先生传》。这位"康义李"名叫李反观，是李鲁生的父亲，李鲁生当时是魏忠贤一党的红人，权势甚大，名列"十孩儿"之一。京城里有"官要起，问三李"之说，李鲁生就是"三李"之一。

受这样一位"大人物"所托，董其昌为这篇小传费尽心思，不仅措辞绚丽，还用心写下一卷俊秀的行书。董其昌谙熟文章之道，书法名声更隆，这卷行书在书法史上也占有一席之地。阉党方面，大学士魏广微作了两款题跋，大学士朱延禧、冯铨，以及东林党的陈名夏、钱谦益等人均在这篇《康义李先生传》后留下了溢美之词。

只是，谁也想不到，正当董其昌努力扭转船舵之时，天启皇帝死了，崇祯继位，东林党重新权倾朝野。怎么办呢？这也难不倒董其昌。他烧掉了与阉党人士往复的手札，重新向东林党靠拢。

当时的朝廷阁辅中有一位是董其昌的好友，也是在合郡士绅公揭上署名的钱龙锡。董其昌又以书画为媒介，与钱龙锡密切往来。崇祯元年（1628年），苏州立牌坊纪念被魏忠贤迫害而死的东林党人周宗建，董其昌写了"首忠"二字，字被镌刻在牌坊上；崇祯二年（1629年），董其昌又为他的好友高攀龙修建祠堂，并写了一篇像赞。

崇祯五年（1632年），董其昌被召至北京，任礼部尚书兼翰林院学士掌詹事府事，离入阁拜相一步之遥。但最高也就到这里了。董其昌在天启朝与阉党暗通款曲的事，难道人们会忘记吗？不可能。所以董其昌很快又遭到了弹劾，只得辞官告老。

崇祯九年（1636年）九月二十八日，董其昌病死在松江家中，享年八十一岁，在那个时代可算高寿。

董其昌是幸运的，无须面对几年之后席卷华夏的甲申鼎革。但董家无可避免卷入其中，有人无耻投敌，也有人从容赴义。

董其昌嫡孙、董祖和儿子董庭在明末由举荐当官，鼎革之际，正在河南归德府任知府的他投降清军。作为讲究忠孝的士大夫世家子弟且祖孙三代深受大明恩典的董家嫡孙，董庭不仅让家门蒙羞，结局也极不光彩。他在回乡后为清廷内应，妄图劝降抗清名士沈犹龙时，被郡中反清志士所杀，落得个不忠不义的下场。

董其昌另一个孙子、董祖源的次子董建中，入清之后，家门败落，一直靠变卖祖上留下的字画为生，生活惨淡。他一直熬到康熙四十四年（1705年）才突然时来运转，因向南巡的康熙皇帝献上董其昌的字画，惹得皇帝欢喜，得以授官湖广荆门知州。

但董家也并非都是投降之辈。董其昌还有一个孙子，即老二董祖常的次子董康，参加了由侯峒曾、陈子龙、夏完淳组建的抵抗组织，在联络鲁王时事败。董康被抓后判斩，董康妻子赵氏得知丈夫被抓，一头撞在台阶上殉难，也是刚烈女子。

在大时代之下，有人考虑的是苟活偷生，也有人忠烈报国、死得其所。只是不知道董其昌在天之灵，看到子孙们分道扬镳时，会更加赞许哪一个。

第四章　被千刀万剐的学霸

多年后，京师西市东牌楼，当被五花大绑在筐里的郑鄤面对百名刽子手时，不知道他是否会想起峨眉山下与得心大师相遇的时刻。

那时还是万历三十八年（1610年），郑鄤十六岁，美好的人生才刚刚开始。在大明朝，不是任何人都有机会走过上青天的蜀道，见识天下秀的峨眉。郑鄤陪伴着官场失意的父亲郑振先，在红椿坪与得心大师朝夕相处。他们三人朝云夕雾，煮茶论道，郑振先时常"叹人生穷达荣辱，种种幻化已若斯矣"。如此闲云野鹤地待了三个月。

等到爷俩下山之时，郑振先豁然开朗。他看破红尘，闭门修行，不入公府，不见贵游，不冠带，不赴宴飨，旷然如与世隔绝。

郑振先没有意识到，他要出家的想法，正在为长子郑鄤埋下祸根。

此时的郑家仍然科运亨通。两年之后，郑鄤大比高中，跨入举人门槛；再十年后，天启二年（1622年）他以二甲第三十名进士出身金榜题名，随即被选中为庶吉士，跻身翰林行列，具备了日后进入内阁的资格。

冲上人生顶峰的郑鄤风光无两：内阁辅臣钱龙锡是他老师，东林党魁孙慎行是他的邻居，状元文震孟是他的同年兼挚友，刘宗周、黄道周引他为同道。所有这些顶级"牛人"围绕在他身边，无论从哪方面看，这个年轻人的前途都不可限量。

但出道即巅峰，郑鄤在达到人生顶峰后不到七十天便收拾行李回家，从此消失于朝堂十三年。等到郑鄤再度出现，已是崇祯皇帝亲手将他送上西四牌楼的法场之时，彼时三千六百刀落在郑鄤身上，让他成为崇祯朝唯二承受凌迟酷刑的文官之一——另一位是名垂青史的袁崇焕。

郑鄤的罪行是"惑父杖母"的忤逆大罪。一位两榜进士、江南名流，怎么会在以孝治天下的大明惹下如此大祸？郑鄤杖母，是确有其事，还是遭人陷害，无中生有？即使过去几百年，这起明末士林大案，仍然众说纷纭、扑朔迷离。

✧ 一个家族的艰难科举路

从南宋建炎年间（1127—1130年）开始，婺州浦江就住着一家郑氏族人。自郑绮、郑缊兄弟在此处合家同居起，郑氏延续了宋、元、明三朝，成为"九世同居，食指三千"的大族。到明初时，郑榛举家迁至常州府武进县横林镇，至此，郑氏在武进横林的影响力开始扩大。

郑氏作为当地大地主，在成化、弘治年间仍不失豪富，赈灾时能一次捐出三四万石的银粮。但有明一代，一直到万历年间，郑氏都鲜有科举达人，只是偶有中举或举荐为官者。缺少科举及第的学霸，在政治上缺乏根基，这样的家族腰杆始终不硬。所以郑氏只能说是横林的大族，并不能说是望族，更谈不上簪缨世家。

要进一步提升家族地位，必须有人做点什么。在大明朝想要科运亨通，仅凭头悬梁、锥刺股，十年寒窗苦读，是远远不够的，财富、社会关系甚至风水，缺一不可。

家里没点钱，如何能供得起一个人拜师读书？阳宅、阴宅风水也至关重要。徽州地方因为觉得风水、龙脉会影响到科举成绩，两个县能为此打上数十年的官司。郑家到了郑溱一辈，也就是郑鄤的高祖，为了给后代改命，不惜花几千两银子选了一处风水宝穴作为家族墓地——据说风水极好，"来龙秀丽，规制宏敞"。

解决了风水问题，还要有社会关系，这是一个说不清、道不明的"支线任务"。明朝的科举世家经常会出现这样的情况：科举要么不中，要么一旦有人突破屏障，家族中人就会接连高中。本书前章中说过的申时行祖孙三代，以及华亭徐家、宣城梅氏、南浔董氏也是同样的情形。

为何就那么巧？难道真是一人得道，鸡犬升天？反正不管怎样，郑氏中有个人参透了这一点，决定必须做出些改变，否则这个家族始终无法得到文曲星的垂爱。

此人名叫郑梓，是郑振先的爷爷、郑鄤的太爷爷。郑家到了这一代还有点家底，郑梓弄了个贡生身份，很早就进入京师国子监读书，不过郑梓书没读好，一生也没考中，只混了个芝麻绿豆散官光禄寺录事，但这不影响他完成使命。郑梓喜欢附庸风雅、吟诗作对，在京城时常混迹于同乡官员之间，通过他们四处结交朋友。

　　一个什么名分都没有的人，凭什么与从千军万马中杀出来的超级学霸们交往？那就只能用"钞能力"开路了。郑梓仗义疏财，三十年间为自己构筑了一张社会关系网，其中就有同乡吴氏。洗马桥吴氏从嘉靖年间发迹，历经吴性、吴中行、吴宗达、吴柔思四代，屹立百年不倒，族中进士、举人填街塞巷，吴氏可谓乡里首屈一指的簪缨世家。经过郑梓开路，郑氏子弟得以进入吴家设立的私塾读书。

　　只是，"钞能力"也有穷时，等到郑梓仙去时，家财已经被他挥霍得瓢干碗净。《郑氏宗谱》就记载，郑梓在京师的三十年间花费数不胜数，家道尽落。

　　郑梓的儿子郑邦煜虽然也是个秀才，但在考了两届乡试不中之后，明白自己不是读书的料。面对家中穷困的现状，他一咬牙投笔从锄，挑起了家庭生存的重担。

　　郑溙、郑梓两代不惜血本的铺路，郑邦煜艰辛的劳作，终于为这个两百年不见科运的家族带来一个机会——郑邦煜生了个神童儿子郑振先。这位九岁就能写八股文的奇才，还得到了一次人生的大造化。郑振先自小在当地望族吴氏的家学里读书，在他十一岁参加县试前，吴家一位翰林吴可行考校了他的学业。这位曾参与重修《永乐大典》的大知识分子，出了三道八股题，郑振先不费吹灰之力，一挥而就。吴可行眼前一亮，知道此子了不得，日后必成大器，立刻将自己的女儿许配给郑振先。

郑振先凭借过人天资，终于撬开了科举之门。他22岁中举，23岁进士联捷，一鼓作气在万历二十三年（1595年）以三甲同进士出身，突破了横亘在横林郑氏面前两百年的科举屏障。有一就有二，弟弟郑振光也在万历三十七年（1609年）乡试、万历三十八年（1610年）会试联捷。一门之中两兄弟在十几年间接连高中进士，让郑家成为武进县这个智力浓度超高的地方，冉冉升起的科举门第。

开创基业的第一代通常是最难的，况且郑振先名次不算高，只是三甲进士。在观政两年后，郑振先被派到浙江嘉兴当县令，此任他一做就是七年。虽然郑振先在县令岗位上风评不错，但七年任期也的确有点长，只能说他官运并不亨通。

到了万历三十二年（1604年），郑振先被调到京城任工部主事，终于进京为官，踏出了人生重要一步。只是，之后他又辗转兵部和礼部，都是六品主事，再没向前踏出半步。混了十多年，郑振先仍然只是个六品官，可想而知当时他内心是多么焦虑。

既然前途茫茫看不到路，那就当一条搅浑局面的鲶鱼。万历三十六年（1608年）五月，郑振先上《直发古今第一权奸疏》，指责当朝首辅朱赓有十二大罪，还牵连了当时另一位阁臣李廷机，以及已经离任的"奸相"沈一贯。此疏秉承了嘉靖以降官员骂人的风格，语不惊人死不休，连叶向高看了都说："骂得很难听。"

除了出于对前途渺茫的焦虑，郑振先这篇骂人的投枪匕首背后又有什么深意呢？彼时，首辅是朱赓，在沈一贯、沈鲤罢相两年以来，内阁有朱赓、李廷机、叶向高三人，其中朱赓、李廷机被认为是沈一贯的浙党人脉。郑振先骂的不仅是朱赓，还是浙党在朝中的势力。当时，本应入阁的于慎行、王锡爵都不出山，这就造成朝中权力过于集中于浙党。

郑振先的奏疏不仅仅听了个响，还是起到了一定的作用，因为阁老通常是要体面的，遇到弹劾都会主动辞职避位，以示自身清正。

果然，没几天，朱赓、李廷机纷纷上疏请辞，虽然被万历一一挽留，但两人心灰意冷，特别是李廷机，几个月闭门不出，除了写辞职奏疏，什么事都不干。朱赓虽然没有那么坚决，但也被迫与群臣着素服至文华门长跪，恳请万历勤政，过不多久，七十好几的朱赓病死任上。

郑振先此举间接打掉两位阁老，当真威风。内阁"硕果"仅存的叶向高旁观者清，一语道破这次政治危机的实质：此事出于东宫讲学着急大拜入阁。这位东宫讲学是何人？郭正域也。这位沈一贯的死对头、太子朱常洛的老师，前些年被罢官回家。

叶向高认为这位寓居在乡的大佬有点着急了，想要入阁，所以才指使郑振先出来"点炮"，然后工部主事张嘉言、户部主事范凤翼跟上，与郑振先一伙的还有给事中胡应台、胡嘉栋和御史熊廷弼等。但范凤翼是叶向高学生，被叶向高按下，最终只有郑振先和另一位工部主事范汝梓冲了出来，但都被万历一声暴喝压制住，没有酿成更大的风波。

照此内情，郑振先就是楚党或是同道，但昆党大佬顾天埈又跳出来揽功，说这份奏疏是他与郑振先合计后才成篇的。不仅如此，东林党魁顾宪成也发话，对郑振先此举赞许有加。是不是非常有意思，郑振先这一击，得到了楚、昆、东林各派的推崇。这并不奇怪，因为各派都急需自家的代表人物入阁分享权力。比如此时的东林党就在酝酿推举漕运总督李三才入阁，而楚党、昆党的人迫不及待出头，顾宪成当然高兴——这是替东林火中取栗啊！

叶向高对郑振先颇有微词，认为他心术不正，为求升官，才语出惊人。如果结合郑振先身转三部主事却不得晋升的情况来看，叶向高的看法有他一定的道理。

不管如何，郑振先这份奏疏相当于鲶鱼入清水，引发了日后李三才入阁的大规模党争，不过此后的事就跟郑振先没什么关系了。因为，万历御批将郑振先贬去边远地方，并声明，谁敢党救郑振先，同罪。

郑振先被贬为四川永宁宣抚司经历，就是若干年后，爆发"奢安之乱"的那个永宁宣抚司。要是郑振先在四川待个十多年，很可能会被奢崇明砍头或者被迫悬梁自尽。但万历三十九年（1611年）的一场京察，救了他一命。

万历年间，京察通常是党争的战场。万历三十九年这一次京察由吏部尚书孙丕扬主持，他是亲近东林的，所以京察中不少非东林的官员吃了瘪，郑振先、汤宾尹等东林对头都被纠察。郑振先就此罢官回家，开始了长达二十年的乡居，直到寿终正寝。人的前途未来，谁能看得明白？比起为国捐躯，郑振先被贬也算因祸得福吧。

莫名其妙就被踢出局的郑振先，从此心灰意冷，看破红尘，再也没有复出。但所谓失之东隅，收之桑榆，就在他被贬两年之后，郑家一位俊才一炮而红，成为冉冉上升的士林明星。

✧ 青出于蓝而胜于蓝

郑鄤生于万历二十二年（1594年）八月初九，这天正好是郑振先大比第一场的日子。传说郑鄤出生时，家中跑来数百只喜鹊，叽叽喳喳叫个不停，如此祥瑞，郑振先后来果然中了举人，郑家可谓双喜临门。

郑家随着振先、振光兄弟先后高中，家道开始兴隆起来。郑鄤打小就生活在富庶的环境中，只是他的童年多有不顺：三岁得天花差点要了他的命，直到四岁才开口说话。民间有说法称，学会说话越晚，人越聪明。郑鄤六岁就跟随父亲到嘉兴任上，并且开始启蒙读书。

鉴于郑家两百年才打破了科举魔障，郑振先非常关心长子的学业，除了让郑鄤跟随塾师学习，还经常亲自出题考校郑鄤。由于郑振先在嘉兴任上任期很久，郑鄤一直待到十三岁，才随父亲进京赴任。

在北京，郑振先广延名师教导儿子，讲易、谈禅、作诗、批二十一史都是各个领域的高人。在八股一途，老爹给郑鄤找的老师堪称全明星阵容：万历二十年（1592年）的探花顾天埈，万历二十三年（1595年）的榜眼汤宾尹，还有李腾芳，也是被选为庶吉士。

有这样强大的天团压阵，郑鄤必是想要一飞冲天的。十五岁时，他就连过三关成为常州府学的生员，也就是成为秀才。只是这一年郑振先卷入了那起水很深的倒阁风波，被贬到了永宁宣抚司。

随后，郑鄤跟随父亲，进行了一次足以影响人生的宦游。万历三十七年（1609年）冬天，他陪伴父亲入川，一路上爷俩从少室山到华山，然后过剑阁，直到蜀地。在峨眉山下，他们遇到了一个和尚，他上来就问："您是郑居士吗？"爷俩很惊讶："你怎么知道？"和尚道，他是得心长老门下，得心大师早就算到郑居士要来，因此派他来迎接。

如此奇遇，让郑振先大为吃惊——这是得遇神人啊。他当即想拜入得心门下剃度出家，郑鄤吓坏了，赶紧跪下哀求："您还有父母在堂，这孝道未尽，怎么能出家呢？"郑振先转念一想，觉得儿子说的是啊，只得暂时作罢。但爷俩在山上一待就是三个月，与大师相谈甚欢。之后，两人就这么在四川晃荡了一年，郑振先在京察中被黜落，终于可以脱离永宁宣抚司这种要命的地方回老家去了。

万历三十九年（1611年），郑鄤成婚了，老丈人是宜兴周氏。这个家族当然也是科举世家，出了一个有名的人物——状元周延儒。在那个时代，缙绅家族都是这样，通过复杂的联姻巩固自家在官场与地方的利益。

成婚后才八日，郑鄤就到宜兴参加岁考。在这里，他又遇到父亲的好友、时任南直隶督学御史的熊廷弼，这位日后经略辽东的名将，此时还只是负责教育的地方官。郑鄤轻松考得二等，也获得了来年参加大比的资格。

接下来的一年，郑鄤都用来准备考取举人功名，赋闲在家的郑振先亲自上阵，严督功课。最后冲刺阶段，又从常熟请来日后被称为"东林六君子"之一的顾大章"开小灶"，顾先生上来就布置两百题，郑鄤完成了一半。由此可见，古往今来的"课外补习班"，打的也是题海战术。

经过严格的训练，郑鄤志在必得。万历四十年（1612年）的大比，七篇八股对他来说毫不困难，最终他以第六十名取中孝廉。此时，郑鄤不过十九岁，就已经从全国最残酷的应天乡试中杀出重围，比昔日郑振先还要年轻，如此成就，可谓少年得意。

是年冬天，郑鄤公车赴京，踌躇满志，期待着联捷冲击进士及第。一进京城，郑鄤就去拜见了父亲的科举同年兼邻居孙慎行——这尊东林大神可是昔日的探花郎。孙探花拿到郑鄤的乡试试卷看了看，断言：术是不错，但道行不够，再读十年书吧。

郑鄤很不服气，难不成孙探花是二十九岁中举，三十岁中进士，就把自己也压到十年之后？他偏不信，心想这一科就联捷给孙慎行看看。然而，就像孙慎行说的，郑鄤落榜了。三年后他再来，郑鄤自觉答得不错，却只得到了"枯淡"的评语——又一次名落孙山。

再过三年，郑鄤对这一科志在必得，甚至同乡前辈陈于廷，就是宜兴民变主角陈于泰的族兄，也在考完第一场看到他的试卷后说：这一届没问题，会元跑不了。但是，纵然如此，郑鄤还是落榜了。

到了这时，郑鄤真的服了，天启二年（1622年）第四次参加会试时，郑鄤已经完全没有了十年前那股子舍我其谁的劲头。为了照顾得病的女儿，他一直到不得不出发的最后一刻才启程。

到了考场上，郑鄤落笔十分慎重，第一场卷子反复推敲，三易其稿才交卷，导致其他文章只能潦草而就。也许因为是第一场八股耗费了太多的精力，郑鄤竟然又在写策论的时候犯了文字忌讳。事已至此，郑鄤心灰意冷，出考场后就开始收拾包袱，想着三年后再来。但他做梦都想不到，就在这么一个绝境之下，中式捷报竟然送到了他面前。

原本被黜落的卷子，被同考官李光元发现，他认为卷子实在出色，以拾落卷的方式，才把他从再度落榜的边缘拉了回来。最终郑鄤考取会试第七十名，殿试以二甲第三十名赐进士出身，不仅如此，郑鄤的考卷竟然被选入这一届的范文，刊行天下。

孙慎行所言不虚，郑鄤鏖战十年，终成正果，房师钱龙锡、恩主李光元都是东林中人。孙慎行到底是神机妙算，还是一切尽在掌握，就只有天知道了。

不过这事还有一个小插曲。郑家曾与一奴仆顾某翻脸，此人得知郑鄤要进京赶考，就派出自己女婿郁某赶往京城，意欲散播谤帖，唱衰郑鄤一家，阻止郑鄤入场应试。但这位郁某在路上摔伤了腿，耽搁了时间，等他到京，会试已经结束，木已成舟之下郁某只能悻悻而归。一切仿佛冥冥中自有安排，若非如此，说不定郑鄤就得三年之后再来过了。

无论如何，郑鄤比父亲更上一层楼，被选中为庶吉士，得入翰林院。翰林，就是国家高级储备干部，明朝中后期，非翰林不入阁，也就是说只要他不犯大错，至少能做到侍郎、少卿之位，天花板能到哪儿就看个人造化了。

郑鄤的人际交往可以分成两个阶段：成年之前跟随父亲常与顾天埈、汤宾尹等人交往；成年之后，在他身边的名字就换成了孙慎行、陈于廷、钱龙锡、文震孟。如果熟知晚明党争的，就能明白前后两份名单的分量。前者一个是昆党党魁，一个是宣党党魁，都是东林的死对头；后者就是东林党全明星阵容。这些人和他们的出现时间，明确了郑鄤的政治取向——进士出身之后，他已经名列东林门墙。

天启二年（1622年）的秋天，郑鄤乃至郑家，正走在通往顶峰的路上。郑鄤作为东林后起之秀，孙慎行、陈于廷、钱龙锡、文震孟这些大佬，不是邻居就是房师，不是他父亲的同年，就是他的同年。可以说，郑鄤的人脉关系遍布朝野，他只需要在翰林院这个清水衙门老老实实地养好声望，他日平步青云岂不如探囊取物？

与郑鄤同时金榜题名的人中有位文震孟，他的太爷爷叫文徵明。这一届文震孟考得非常好，夺得了殿试状元。只是这位状元郎有点大器晚成，当时已经四十八岁了。这样一位既有家学渊源，又有真才实学的才子，二十岁就已突破乡试，但之后考了十次会试（不是十年，是三十年）才高中状元，足见科举有多"卷"。

但这不是重点，重点是，文震孟在万历二十二年（1594年）考中举人时，他有一个同年，叫郑振先。与父子分别在乡试与会试中成为同年，文震孟与郑家有着不解之缘。很快，他就要和郑鄤一起干一件大事。

选为庶吉士后，郑鄤进入翰林院，与文震孟的关系自然好得不得了，两人总觉得匡扶天下，重任在肩。而此时，大明也的确进入了内忧外患的时候：在外，努尔哈赤举七大恨起兵，打得明军连场大败，刚刚发生的广宁溃，把名将熊廷弼打下马来，辽东的肘腋之患已变成了恶性肿瘤，正疯狂地吞噬着大明的国力；在内，矿税、辽饷造成地方民不聊生，战事还引发了奢安之乱，西南烽烟四起。

风雨飘摇中，大明迎来了年仅十六岁的少年皇帝朱由校。朱由校身边围着一些特别的人，比如乳母客氏、大伴魏进忠——彼时他还没改名叫魏忠贤。一些非东林官员开始聚拢到天启皇帝的太监、乳母身边，阉党逐渐形成；而那些以清流自居的东林党人，就以此为标靶，展开了艰苦卓绝的斗争。这是大明党争步入高潮的时刻，党争贯穿了大明朝天启、崇祯年间，甚至绵延到南明。

在这个关键时刻，当科状元、翰林院修撰文震孟，在他高中这年的十月上了一封《勤政讲学疏》，直斥小皇帝倦政、官员早朝"如傀儡登场"，告诫皇帝要与朝臣开诚布公，不要被奸邪蒙蔽。

郑鄤怎能让好兄弟唱独角戏。没几天，他进了一本《谏留中疏》，借着晚明皇帝酷爱压着奏疏不回复的行为说事，把皇帝身边的太监、奸佞到皇帝本人都骂了一通。在上疏骂皇帝方面，郑鄤没有输给他爹。

皇帝不傻，两个翰林，还是同乡，一前一后上疏，骂来骂去都指向皇帝、太监，要说他们没有串通好，没有结党，谁信？外界传闻整天做木工、朝政假手权阉的天启皇帝，这回乾纲独断："比拟傀偏，藐视君臣如戏，文震孟好生可恶！郑鄤这厮党护同乡、窥探上意，本当究问重处。念系朕首科取士，新进书生不知大体，姑从轻俱降二级，调外任用。"说的都是大白话，也不用翻译了。

文震孟和郑鄤可能连翰林院的房子都没转悠明白，就被扫地出门了。不过那时候，两人心里可能还挺爽的——在大明的政治传统中，不被贬官，甚至不被廷杖过，都不好意思说自己是忠臣。这下好了，两人终于在天启党争这出大戏中暖了个场。既然目的已经达到，还外任什么？郑鄤把乌纱帽一扔——老子不干了。

郑鄤只在人生巅峰上待了七十天，就从云端跌入尘泥，但是福祸这种事是世上最难以预测的，当郑鄤与文震孟卷铺盖走人的时候，党争大戏刚刚开始。

◇ 深度卷入党争

明末党争，即使放到整个中国古代政治史看，都是举足轻重的事件。参战各方尔虞我诈、手段百出，从文斗到武斗，甚至不惜以国家兴亡为赌本。

天启年间的党争，东林矢志不渝地揪着客氏、魏忠贤，以及围绕在两人身边的阉党战斗不息，双方最后演变成不是你死就是我亡的生死之争，杨涟、左光斗、魏大中、袁化中、顾大章、周朝瑞"六君子"命丧诏狱。到了天启晚期，东林诸公被一扫而空，东林党作为一支政治力量已经不存在于朝堂。

郑鄤也算因祸得福，没有在这个残酷的政治屠宰场里送了性命。随后几年他追随父亲，红尘做伴，四处旅游，活得潇潇洒洒。为了躲避政治迫害，他上庐山，下广东，满世界晃悠。如果说徐霞客是晚明著名驴友，那郑鄤也不差，起码他转遍了半个中国。

但是，这个世界上还有一些不可抗因素，比如死亡。人终有一死，只是有的人命薄死得早。天启七年（1627年）八月二十二日，朱由校死了，终年二十二岁。弥留之际，朱由校拉着弟弟朱由检的手说："吾弟当为尧舜。"

朱由检继位，改元崇祯。崇祯皇帝做的第一件大事就是将以魏忠贤、客氏为首的阉党一网打尽，对东林党来说，天终于亮了。崇祯一上台，朝堂局面天翻地覆，尚在的东林核心人物东山再起，钱龙锡、刘鸿训、韩爌入阁。这时的钱龙锡自然不会忘记那个为东林打头阵的好学生。

郑鄤立刻以原官起复，但他到京之后没几天，家里就出了大事——郑振先去世了。在大明朝，父母去世，官员都要丁忧二十七个月，郑鄤只能回家。好不容易熬过了三年，郑鄤又迎来了起复的机会。他说好等母亲过完六十大寿就启程进京，母亲为了让他能早日出山，还提前过了生日。

只是没想到，母亲大寿没多久，就一病不起，撒手人寰。郑鄤送完父亲送母亲，接着丁忧。就这样一直到了崇祯八年（1635年），郑鄤也过了不惑之年。回看父亲蹉跎半生，可想而知郑鄤此时内心是多么焦急。

崇祯头几年，朝中状况有点混乱。内阁中周延儒、温体仁斗得非常厉害，在崇祯四、五年间，在野的郑鄤是支持温体仁的，认为周延儒绝不可留，所以东林前辈钱士升曾在温体仁那为他美言，郑鄤终于得到了复出的机会。

崇祯八年时，周延儒已经倒台，内阁首辅是温体仁。说起来，时机对于郑鄤来说是非常合适的，内阁里有温体仁、吴宗达、王应熊、何吾驺、钱士升、文震孟、张至发。在这个阵容里，何吾驺、钱士升是东林前辈，文震孟是老铁，吴宗达又是郑鄤的姻亲，局面一片大好，属于郑鄤的大场面终于要来了。

但是，谁能想到，郑鄤进京才一个月，竟然锒铛入狱，背上了滔天官司。而这一切都是因为那位亲戚——吴宗达。

钱士升向温体仁举荐郑鄤，得到温相首肯，便给郑鄤发了一封信，让他速来北京。郑鄤给老铁文震孟发信，想了解一些朝中情报，谁知道等来的却是文震孟当头一盆冷水。文震孟认为此时朝堂险恶，郑鄤来到北京会陷入不可知的政治斗争，力劝他千万别来。

文震孟显然低估了郑鄤对重回庙堂的渴望。郑鄤本应在七年前就复出，那是东林党最好的时节，他可以获得更好的环境，但接连的丁忧，让他一再失去机会。

对此，郑鄤很不高兴，即使对方是两肋插刀的知己挚友，他也认为文震孟不如帮他复出的钱士升。总之，郑鄤与文震孟产生了芥蒂。只是郑鄤不知道的是，这位好兄弟会为他战斗到最后一刻。

郑鄤义无反顾地来到京师，这时是崇祯八年十月。到京没几天，他就见到了当朝首辅温体仁，两人之间发生了一段决定郑鄤命运的对话。

温体仁问："南方最近有什么舆论？"所谓南方，是指南京以及江浙一带，因为这里聚集了最多的缙绅，是一股巨大的政治力量。

郑鄤回答："人们都说朝廷里有皇帝而无大臣。"这个说法分明是在挤兑温体仁一干朝官尸位素餐。

温体仁很惊愕，问："你不知道天下事办不好，是因为没有人才吗？"

郑鄤看对方进了自己的逻辑，连忙往下说："从来就没有不可为之时，无不可用之人和'做不得'三字。你要用人，方有人才出现，不用人，哪儿来的人才呢？"又是毫不留情地指责温体仁打压人才。

温体仁说："现在边防、流寇事情危急，你倒是说说怎么用人才？"

郑鄤说："现在朝廷只知道募兵（花钱），却不知道如何练兵；只知道使用将领，却不知道如何选用将领。老先生要选会练兵的人为将，用能识人善任的官员在中枢掌权，就如萧相国之识韩淮阴，宗留守之识岳武穆，又怎会担心不能成功？"

郑鄤这一番毫不客气的输出，尽显其骄傲的性格，却也反映了他无论情商还是政治嗅觉都太差。温体仁已经独揽大权两年了，说朝廷不懂任用人才，不就是批评温体仁当国无道吗？再说了，朝廷最忌讳的就是党争，郑鄤这时所说的，隐然代表了身后东林势力对温体仁的不满。

果然温体仁盛怒起身，拂袖而去，扔下一句："好，国事就托付您和文震孟二位了。"

这番谈话，郑鄤着实彻底得罪了温体仁。郑鄤已经活了四十好几，怎会如此不知进退？也许是因为温体仁在此之前非常善于营造人设，给人感觉无党无私，是个正人君子，让郑鄤放松了警惕。事后，郑鄤仍不觉得这事有什么问题，还到处吹嘘这场与温体仁的口舌之争。

更让郑鄤想不到的是，温体仁对在阁的东林党人文震孟和钱士升非常忌惮，明面上看不出端倪，背后却针锋相对。所以，文震孟才会好言相劝，不想郑鄤来蹚浑水。

除了这段谈话之外，还有一封直指郑鄤家中"丑事"的告密信悄悄送到了温体仁手上：郑鄤母亲吴安人的堂弟，即郑鄤的堂舅吴宗达，控告郑鄤犯下了"惑父披剃""迫父杖母"等大逆不道之罪。"惑父披剃"是指忽悠父亲剃度出家，"迫父杖母"是指逼迫郑振先家暴吴安人。在"孝悌"比天还大的大明，这等忤逆大罪足以让一名士大夫身败名裂。

十一月初八，内阁首辅温体仁上《特纠灭伦词臣揭》劾郑鄤不孝之事，要求法办。首辅亲自纠参在野官员，说明问题很大。温体仁之所以上疏，不仅是为了针对郑鄤，实际上还针对在朝的东林势力。

当时，文震孟力挺郑鄤复出，已经与温体仁发生了矛盾。上疏前，温体仁特地拿出一揭在文震孟面前晃了晃："我有一封关于郑鄤的奏疏要上，本来还要拉上你一起，现在看没这必要了。"

温体仁又找到钱士升："我有一封关于郑鄤的奏疏，想拉上你联名上奏。"钱士升以为是推荐的奏疏，拿来一看，原来是关于人伦忤逆的检举信。钱士升被吓得话都说不出口。温体仁冷笑道:"我就知道你不会参与。"他明知文震孟、钱士升和郑鄤的关系,这么做,不过是在显示自己光明磊落,不会搞阴谋。

在大明官场,如果不是天大的事,哪里需要首辅亲自下场?大把科道官员愿当马前卒。如今温体仁亲上密揭,而且内容来自另一位阁老的检举揭发,那么这份奏疏就是核弹级别的大杀器,足见温体仁要将郑鄤置于死地的决心。

崇祯皇帝看到奏疏后勃然大怒,第二天就将何吾驺、文震孟二人罢相。十一月十一日,郑鄤被逮捕入狱。由此可见,郑鄤之狱是由吴宗达与温体仁策划,对郑鄤、文震孟、钱士升、何吾驺等东林人士发起的立体攻势。

郑鄤的案子起初交由刑部审理,第一轮审理在崇祯九年(1636年)开始,刑部说要地方巡抚、巡按进行查勘。行勘地方官员本来是很正常的操作,前文讲过熊廷弼与荆养乔的龃龉,朝廷甚至另派御史下去调查。所以刑部所请是此案的正解,但是温体仁回票拟:不许地方两院插手,只在北京审。

第二轮审理是三司会审,刑部、都察院、大理寺都要参与,凡是重大案件,必须配备这样的规格才够分量。会审得出结论:郑鄤罪行证据不足,只够判流徒。但这样的结果依然不能让皇帝和内阁满意,内阁票拟驳回:"郑鄤灭弃伦理,既称戚党切齿,乡议沸腾,何得仍听狡饰,骪徇轻拟,还着再行研讯,确拟具奏,钦此。"郑鄤灭弃伦理,为亲朋所不齿,乡间议论沸腾,怎么能还听他狡辩,包庇轻判呢?令严加审讯,证据确凿了再回奏。

见案子被打回，刑部使出另一招——拖。不是要严讯吗，那就慢慢审。

刑部一直磨蹭，瞎子都能看得出来，有人要保郑鄤。其实从郑鄤被捕开始，东林党就展开了全方位的营救。崇祯九年（1636年）正月，刘宗周、黄道周入朝都出手疏救郑鄤。但是，有一个值得注意的情况，那就是这些重量级的疏救都没有为罪名辩驳，要么迂回指责朝政败坏，要么指责皇帝用人不当，目标都是落在外围，隔靴搔痒。

像黄道周说了一句："朴心纯行，不如李汝璨、傅朝佑；文章意气、坎坷磊落，不如钱谦益、郑鄤。"这么隐晦地兜圈子，崇祯还是看了出来，于是严词斥责黄道周。刘宗周倒是敢提及郑鄤的审理，但他只是迂回进攻，认为杖母之狱不可以没有原告，简单说了两句。

问题来了，既然都想救人，为什么不敢就事论事，直接为他的罪名辩驳呢？

❖ 忤逆大罪，孰是孰非

在整个大狱期间，郑鄤同党中敢于上疏搭救的还真是不多，除了黄道周与刘宗周算是高官，其他的就是一两位科道官而已。要是在过去，营救同党的奏疏早如雪片般飞来了。至于郑鄤的罪名，更是无人敢置喙，从一开始，东林同党就给人理亏的感觉。那么郑鄤被揭发的两项罪名到底有没有根据呢？

前文讲过，郑振先爷俩在峨眉山三个月，郑振先自觉与佛有缘，下山后看破红尘，但可以肯定的是郑振先并没有剃度，只是乡居二十年，吃斋礼佛，并且建了几处庵堂，成为虔诚的居士。总之，没剃度是不争的事实，但温体仁告的是"惑"，针对的是行为而非结果。什么叫"惑"？这个指控非常毒辣，父亲会被儿子诱惑到什么程度，这都是说不清楚的事。

万历四十二年（1614年），郑振先与夫人吴安人前往吴山游览，两口子玩了几个月后，回了一趟吴氏娘家才回家。回家后，乡间谣言四起，有说郑振先出家为僧，有说吴安人出家为尼，又有传言两口子为了婢女姬妾吵架的。总之说什么的都有，只是两口子对这些流言并不在意，也没有反驳，由此，流言进一步四处传播。

在会审定谳中，郑鄤没有承认"惑父披剃"的罪名。虽然郑振先礼佛、吃素有目共睹，但他始终没有剃度出家，因此这条罪名也不算什么大事。真正要命的还是第二大罪"迫父杖母"。

"迫父杖母"顾名思义就是逼迫父亲打母亲。这又是一项似是而非的指控，可以有两种解释：一是郑鄤促使了这种行为发生；二是郑鄤亲自出手打了母亲，这是十恶不赦的忤逆大罪。

这项罪名无论是诬告还是确有其事，都充分发挥了汉语语意容易含混不清的特点，尽显举告者要置郑鄤于死地的险恶用心。所以，在郑鄤的案子里，忤逆大罪是争议的核心：吴氏有没有被打？如果有，是谁打的？

关于"杖母"，民间传言甚嚣尘上，众说纷纭，大致有三个版本：

第一个版本说郑鄤母亲吴安人是一个性格暴虐的人，曾屡次虐杀家中婢女，郑鄤假借卦乩（通灵、降神之类的封建迷信活动），迫使郑振先杖打吴安人。打人的虽是父亲，但其实是被儿子胁迫的。这一版本见载于《浪迹丛谈》卷六的《郑谦止之狱》一篇。

第二个版本出自《烈皇小识》卷四，说郑鄤还是举人的时候，郑振先宠爱一个婢女，但婢女被吴安人虐待，郑振先就找儿子商量，假借通灵乩仙这些封建迷信活动，吓唬吴安人，吴安人因此自愿受杖赎罪。郑振先令婢女来打她，郑鄤还因此笑出声来。吴安人后来回过味来，知道是爷俩串通来害她，恼羞成怒之下回娘家一通哭诉，吴家知道了事情原委后非常恼怒。在这个版本里，父亲与儿子一起算计吴安人，下令打人的是父亲。

第三个版本，计六奇在《明季北略》中记述最为详细。郑鄤在小时候，心里就对母亲的嫉妒性格非常不满，长大之后，又对母亲虐待婢女尤其反感。郑鄤还离家出走，跑到深山里待了三年。在这期间，他遇到一个神婆，这个神婆能跳大神，能通灵，可以预测祸福，很多妇女深信不疑。郑鄤把神婆请回家，希望神婆能以因果报应之说打动吴安人，让她改变狠酷的品性。

在郑家，母子二人与神婆上演了一出跳大神的活剧。神婆起坛升座，一番装神弄鬼，然后突然发出男人的声音："郑门吴氏，还不速跪！"看母亲没反应，郑鄤连忙跪倒，吴安人看到身为儒生的儿子都跪了，也就跟着跪了。神婆神神道道地讲起吴安人虐待婢女的行为，仿佛是来自阴间的控诉。一开始吴安人屡次打断神婆，让她不要说了，可每及于此，神婆就突然提高声量，压倒吴安人的反驳。

郑鄤见气氛也差不多了，就说："母亲已经知罪了，有什么办法可以脱罪呢？"

神婆不置可否，吴安人的思想防线已经崩溃了，枯坐地上泪流满面。郑鄤连忙说："阴间现在会如何报应？"

神婆给出"判词"："罚她十几世为最苦贱的奴婢，而且大限在百日之内，那十几个死去的婢女会来索命。"

被这么一吓唬，吴安人更蒙了，连忙如捣蒜一般磕头，求神婆救命。

郑鄤问："因果报应和现世报，哪个更重？"

神婆说："当然是现世报更重，十倍于因果报应。"

郑鄤又问现世能不能消解。神婆说："得恶疾？"吴安人恳求减轻一点。神婆说："失明？"吴安人又连忙恳求饶恕。

这时，郑鄤出来解围："如果现在打板子，保证以后再也不犯呢？"

神婆道："儿子是贵人，既然替母亲说情，姑且准了。日后你母亲会是一品诰命，死去的婢女也可以超生。"吴安人喜出望外，连忙匍匐在地请求打板子。

神婆说："本来要打八十下，既然心服改过，可以打折半，又因为儿子丈夫都是贵人，再折半，就打二十板。"但神婆要郑鄤亲自执杖。

整件事就是这样，按照计六奇的记载，这是发生在郑鄤十八岁那年四月的事，也就是郑鄤准备参加乡试那年。这个版本完全没有郑振先什么事，都是郑鄤亲自策划，而且由他亲自动手。

作者计六奇是明末清初常州府无锡县兴道乡人士，与郑鄤的老家直线距离不过十公里。他出生在天启二年（1622年），那一年正好是郑鄤中进士之时。也就是说，两人是离得不远的乡党，且处于同时代。计六奇为写书做了很多一手采访工作，对于发生在身边的郑鄤大案，自然近水楼台先得月，所以才探访到活灵活现的细节。但即使如此，也不能断定计六奇所记就是事实。

在历史叙事中，对一个事件有不同描述的情况屡见不鲜，比如以上三个版本，不管细节如何，策划、实施的"主犯"区别很大。但有一个说法比较统一，就是吴安人是个恶毒的妒妇，经常以残暴手段迫害家中婢女，甚至致人死亡。这一点在郑鄤案中非常关键，因为它指向了作案动机，那么吴安人是不是这样恶毒的妇人呢？

后世一些关于吴安人的评价并不差，说她知书达理，忠孝大节不亏。在郑振先弹劾沈一贯时，吴安人还让夫君勇往直前，有什么不测，家里父母孩子有她一力承担；对于儿子劝谏皇帝的行为，吴安人也多方支持维护。但这些说法大多来自郑鄤，或者钱谦益为其写的墓志铭，而墓志铭的立场和基调众所周知，因此，这些评价也不能反映吴安人在家庭生活中的真实面目。

而且还有很重要的一点：不管乡间妒妇之说怎样传言，在朝堂上，这个说法只可能来自两人之口，要么是吴宗达检举信中所说，要么是郑鄤自己供述，或者是两人都这么说。在明朝，"妒妇""悍妇"这类名头对于女性而言是极其恶劣的。吴宗达和郑鄤，一为堂弟，一为嫡子，两人都没有动机污蔑吴安人，所以吴安人是妒妇应该属实。既然如此，郑振先与吴安人起冲突也就不奇怪了。

因此，上述的第二轮审理，即三司会审明确了案情，得出结论：郑振先确实曾为了庇护婢妾打吴安人，但郑鄤逼迫父亲杖打母亲的罪行不成立。

三司会审后，刑部尚书冯英上奏疏向崇祯报告此事。茅元仪的《三成丛谭》记载了奏疏的内容：

> 今臣等反伏详讯鄤父振先，毁冠茹素二十余年，披剃之事，已昭彰人耳目矣；至问其杖母之事，坚不肯认，臣等再四严审，始供其父畜有婢妾，其母待之甚严，虽无行杖之事，亦时有哄嚷之情。
>
> 是杖母之事，固已得其意于言表矣，夫妻反目，家庭之常，至假箕仙批词，庇妾杖妻，其术甚巧，而于义则甚累。
>
> 鄤为人子，始未有婉柔之谏，既未有泣涕之道，乃袖手旁观，亦任其父之所为，不亦安忍而无亲乎？眩惑幻妄之邪术，大蔑伦常之正理，陷其父于有过之地，贻自己不韪之名，戚党切齿，乡议沸腾，鄤也于人何尤。

这几段话内容非常丰富，有五个要点：第一，郑振先吃素礼佛做居士的情形，是众所周知的，郑鄤也没有否认；第二，杖母一事，郑鄤坚决不承认，只承认父亲有婢女妾室，被母亲吴安人残酷对待，两口子经常吵架；第三，夫妻反目，是人之常情，但郑振先利用怪力乱神偏护婢妾、进行家暴，法度上犯了大罪；第四，郑鄤的罪过是没有尽到化解父母矛盾的责任,导致郑振先借邪术灭伦常,从这一点看,郑鄤不伦不孝;第五,亲戚乡里切齿痛恨,乡间对郑家的评价极差。

这篇谳词出自一心维护郑鄤的冯英之手,不存在捏造事实的可能。乡间恶评沸腾意味着这一家人平时得罪人多、善待人少,像吴宗达这样的亲戚才会出来检举,难怪朝堂之上不少人都愿意相信。这也就解释了刘宗周、黄道周等同党为何都不就罪名本身进行辩护,毕竟事情多少是有事实基础的。

所谓无风不起浪,郑鄤及郑家又做了什么使"戚党切齿,乡议沸腾"的事,最终引发了郑鄤大案呢?

✧ 人设崩塌

说不清楚的事,通常是由谣言而起的,而谣言又源自郑家在早年间惹下的房地产纠纷。

郑鄤的祖父辈一度破落穷困,但到了郑振先时,郑家已再次成为豪富人家。郑振先为了追求自己的宗教信仰,在常州府城内和横林建了三座庵堂,其中常州城的太初庵规模庞大,有房一百零八间。光是为了礼佛而建造的庵堂就如此规模,由此可见郑家在当时已经富甲一方。

在郑振先高中进士后的十多年时间内,郑家就可以积攒巨量财富,这与其他科举家族从无到有的财富之路何其相似。接受土地诡寄、兼并土地房产、招纳奴仆、放高利贷……这些都是当时比较普遍的敛财招数。

在发家致富的过程中，难免会与其他人产生矛盾，引来各种流言蜚语，郑鄤的灾祸也是在这个过程中埋下的。

纵观晚明士林恩怨，不少矛盾根源都在房地产。如后文将提到的陈一教家的祸事，就起于徐家祖宅买卖的纠纷；还有后文将提到的，常熟进士赵士锦与邻居祝化雍之间的地产争夺，最终祝化雍被逼死，引发了地方骚乱。

郑家的麻烦也不例外。郑振先曾买了母亲董宜人族弟董壁仞的一处宅子，由郑振先父亲出面，双方谈好价格二千余两银子，这是郑振先在北京当官时的事。但乡里有一个邻居杨氏也觊觎这宅子，郑家不愿意让步，于是与杨氏发生了矛盾。由此，横林乡间出现了关于郑家的流言蜚语。

日后郑鄤官司中有一个重要证人，名叫杨琛，他是郑家的邻居，曾非常积极地到北京出堂作证——当然都是对郑鄤不利的证词。根据两方互动情况判断，这个杨琛就是与郑家争夺房产的邻居杨氏。只不过，在郑、杨两家争产期间，杨琛年纪还小，当时出面的人是他的父亲杨惟寅。

在中国传统发家史中，买房买地是最基本的操作，但这种买卖为许多家庭埋下了仇恨的种子，对郑家来说也是如此，而且郑、杨两家之争还不是郑家房地产纠纷的孤例。

郑鄤案源于吴宗达的检举揭发。好好的亲戚，怎么会反目成仇？关于这一点，两家各有说法，郑鄤说是因为郑振先与吴宗达政治观点不同，彼此少了来往。但实际上，两家之间也发生过一起房地产纠纷。

郑鄤从外公吴可行的重孙子手中买下了吴氏祖先吴性的祠堂。吴宗达对此十分生气，想要把房子赎回来。但郑鄤在购买吴氏祠堂的契约中定下了巨额违约金，吴家若赎回祠堂，须赔付郑鄤巨款。吴宗达委托常州官员进行调解，但郑鄤死活不松口，导致两人彻底闹掰。

郑鄤出手时机也颇为巧妙，吴家此时正好青黄不接，吴可行、吴中行一辈都已去世，吴宗达的同辈吴亮、吴奕等进士也先后离世。相对而言，此时吴家正处在实力较弱的时期，被郑鄤出手诳买了祠堂，简直是打人打脸。此事被吴宗达视为奇耻大辱，他曾就此写信给武进县令，可见事情是千真万确的。

吴家是郑家崛起的恩人，真是升米恩、斗米仇，仅仅过了两代人，郑鄤就翻脸不认人，这种所作所为，是亲戚该做的吗？

这已经是郑家有据可查的第二次与人发生的房地产纠纷，姑且不论孰是孰非，郑家父子屡次引发矛盾，而且远亲、近邻都得罪过，这样的家族，在乡里又怎么能有好名声？

家风如此，人品又当如何？东林党人给人的印象大多是正人君子、道德先生。至于郑鄤，同党之人对他很是推崇：顾天埈说他"学术非常"；刘宗周将他与钱谦益并列，说自己文章意气不如他们；黄道周说自己犯颜直谏的勇气不如郑鄤。

但是，这些溢美之词，无非夸奖郑鄤的学术、文章和气节，几乎没有涉及个人品质。这跟郑鄤的前辈兼邻居孙慎行差别很大，孙老无论文章、人品都有口皆碑，无论是哪个阵营都挑不出毛病。

孙慎行这样的大神自然是郑鄤很想巴结的。为和孙慎行成为知音，郑鄤贿赂了孙老身边的仆人、书童，孙老无论看什么书他们都会第一时间跟郑鄤通气。郑鄤找来相同的书恶补一下，过几天就去拜会孙慎行，两人聊起来，自然话语投机。长期下来，孙慎行引这位小友为忘年之交，只是完全不知道为什么郑鄤总能跟上自己的思路。

道德先生黄道周也着了道。他曾住在郑鄤家，发现郑家布置非常简陋朴素。吃饭的时候，郑鄤常要进屋去慰问母亲，一顿饭下来会进去四次。母亲不论吃饭还是服药，郑鄤都亲自伺候。吴安人要远行，郑鄤会送行好几天。还有一次郑鄤忽然抚着胸说："不行，我心很痛，必然是我娘病了。"过了一会，果然有个小厮过来报告太夫人病了。郑鄤表现得如此孝顺，连黄道周的母亲都和儿子开玩笑道："你能像人家那样服侍我吗？"

一顿饭进屋探望母亲四次！想象一下，你去朋友家吃饭，刚碰了一杯，朋友站起来，进屋去给母亲请安，把你晾在当场；过一会上来第一个菜，吃了两筷子，当你刚要拿起酒杯敬酒，朋友说等会，他要去给母亲倒痰盂。如是者四次，请问这顿饭还怎么吃？

就算郑鄤真是大孝子，但说到郑鄤家布置朴素简陋，就有点不对劲了。要知道郑家经过短短数十年的原始积累，从穷到富，已经成为乡里豪富之家，连吴宗达都说郑家有钱。有多有钱呢？郑鄤关在诏狱，每天饭钱就花六两银子，一顿饭抵得上中产人家一个月的花销。试想他的家怎么可能布置得朴素简陋呢？朴素，姑且可算是一种美学情趣，但简陋怕是无论如何搭不上边。

再看看郑鄤怎么对待朋友。文震孟力劝郑鄤不要急于起复，面对这样生死与共的铁哥们，郑鄤却心生怨愤，认为文震孟不如钱士升对自己好。反观文震孟见劝说不成，转而力挺郑鄤，不惜与首辅摊牌，最终导致罢相，这就是文震孟为郑鄤战斗到最后的交情。

　　从个人品质来说，虚伪欺骗、忘恩负义这两条恐怕是没跑的，如此品格的人在乡里又能做出什么好事呢？郑家两度与人争夺房产，他人家奴不惜断腿也要进京告状破坏郑鄤会试，虽然是非功过很难厘清，但当一个人总是与人为难时，难道都是别人的错？

　　这些事如果仅仅出于仇人之口，自然不够客观，但明清鼎革之际，锦衣卫指挥佥事王世德南下逃难，经过常州时，在当地打听了郑鄤的情况，得到的评价是"居乡不仁，淫乱肆恶，乡人言犹切齿"。王世德只是个不相干的锦衣卫，立场中立，所言应不为虚。身居苏州府吴县的明朝遗民徐树丕说起郑鄤，更是恨意拳拳："真是古今第一淫贼，温体仁当朝没干过一件好事，唯有弹劾郑鄤下狱论死，还算让人快活些。"

　　近朱者赤，近墨者黑，郑鄤的亲弟弟郑郿，连郑家族人都说此人品性恶劣，在家中残害婢女家奴，在乡中夺人妻女，胡作非为。时人说他是凭着父兄之势，才如此飞扬跋扈，这让郑家的乡间风评雪上加霜，全家人都成为众矢之的。

　　在大明，乡评很大程度上由乡里的文化人与耆老操控，他们可以通过分发揭帖、派人散播闲言等方式将他们想要传达的事情广而告之，中间人可以是亲族，奴仆，依附的佃户、佣工，甚至还有民间艺术家，比如说书的、唱戏的。如果他们想要一个人社会性死亡，那无论这个人是进士及第还是富甲一方，都逃不过去。董份、董其昌、陈一教……多少名士显宦倒在这道坎上。

在这个故事中，轮到郑鄤成为这股社会舆论打击的目标。他在承受牢狱之苦前，实际上已经"社死"了。

◇ 杀人的亡国之君

回到案件本身，崇祯九年（1636年）审理期间各派的交锋，以郑鄤同党的正面营救失败告一段落。此后刑部使出了"拖"字诀，不再提审。冯英作为刑部尚书，对于自己的审判还是颇为硬气，坚持"三不"原则——不改判、不重审、不屈打成招。他也振振有词："仅凭乡间议论就杀人，万一过些日子，案子被推翻，那我就要背负冤案之名，世人也会认为朝廷刑罚不公。"他的意思是，需要进一步找到可靠的证人，否则就不该贸然断案。

朝廷说"还着再行研讯"，也就是继续严审，冯英则以郑鄤生病为计拖延，回复说：郑鄤病重，如果审理时耐不住用刑，人死了算谁的？刑部尚书位列九卿，说这话真不是闹着玩的，这下连温体仁都没辙。

就这么一直拖到崇祯十年（1637年）夏天，温体仁被崇祯免职。不过温体仁到底是宰相手段，下台前还把冯英一波带走了——冯英最后被遣戍山西。这位刑部尚书也算是两肋插刀，为了保郑鄤一条命，连自己的前程都搭上了。

郑鄤一方一直在等这个时机：吴宗达已在前一年死了，温体仁也下台了，对付他的主角都不在了；拖了两年多，想必崇祯皇帝也该消气了。差不多可以实施"B计划"了。

崇祯十一年（1638年）夏天，京师大旱，机会来了。灾异出现必有说法，这一次的解释是，大旱预示着有冤狱啊！朝外有人煽风点火，朝中自有人接应。于是谕旨下来了："各衙门改革弊政，清理冤狱。"

此时的郑鄤已经在锦衣卫诏狱中住了三年，但这三年他可没吃一点亏，因为有人在外面帮他走动。郑鄤的人发现这个阶段的关键人物是锦衣卫指挥使吴孟明，那要怎样结交这位大金吾呢？

吴孟明并非将门子弟，而是缙绅门第出身，他爷爷是万历年间的九卿大僚吴兑，官至蓟辽总督，封太子少保，荫一子为锦衣卫百户。就这样吴孟明的父亲当了兵，吴孟明子承父业。他比较会做官，天启间已经升为千户，掌管锦衣卫要津北镇抚司，后来因得罪了阉党许显纯被贬。崇祯上台后，吴孟明作为被阉党迫害的人，因祸得福得到起复，更以锦衣卫指挥使执掌锦衣卫。

吴孟明不是什么正人君子，《明史》说他贪腐严重。这样的人不难笼络，但郑鄤一方的高明之处在于，不仅仅是送钱，还想办法跟吴孟明的长子吴国辅搭上关系。吴国辅参加武举时，得到场外力量帮助，中了武状元。如此一来，郑鄤就和吴孟明成了莫逆之交。

大明的监狱是鬼门关，好人进去了都可能死在狱中，但有吴孟明这层关系，郑鄤在狱里被待如上宾，郑鄤长子郑珏和一个小妾长期待在京师服侍、走动。每日家人送饭，都是好吃好喝供着郑鄤，日伙食费高达六两银子。反正闲着也是闲着，郑鄤还当上老师，吴孟明两个孙子隔三岔五进监上课，听郑鄤这样的八股名家传授制艺（八股文）秘法。两家经过三年相处，关系好得不得了。

清理冤狱的谕旨下达后，朝廷各部门合计了一下，按照上级精神出了一项善政——不及死刑的犯人可以交保出狱。郑鄤正好被划到了这道及格线内，按照前一次审理结果，他只被判了流徙，情况完全符合政策。

但即使符合政策，下面人也不敢贸然行事，毕竟这是滔天的案子。这时就该吴孟明出场了。他上奏一本："我管的衙门里的冤情，自有三法司去定夺，本不该我来过问。但我发现有一个犯人叫郑鄤，已经关了三年，一直没人给他洗刷冤情，不如就趁现在把他放了，以应天和。"

上面很快有了复旨："杖母逆伦，干宪非轻，如果无辜，何无人为之申理？著常州府人在京者从公回话。"这个回复看上去每一句都冠冕堂皇，但凑起来就有强烈的弦外之音。如果说郑鄤无辜，为什么没人为他伸张正义？令在京的常州府人士，在公正公平的原则下出庭作证。潜台词就是要郑鄤赶紧找人为他说好话！

找谁来说好话也很讲究，此时朝中有不少常州籍官员，但首先要找肯出来说话的人，其次还要找那些品德高尚、有口皆碑的人。

吴国辅受人钱财，替人消灾，当起了郑鄤"捞人办公室"主任，专门为郑鄤出谋划策。他给郑鄤分析："兵部尚书陆完学跟你不对付，找他肯定不行，但他的大儿子在锦衣卫里当差，把他拉来可以代表陆家的态度；御史王章也可以算一个，他还是愿意帮忙的；还要找一个名声品格都够分量的大人物，你看赵士春如何，他是名宦赵用贤的孙子，一向有'清介'的名声，和黄道周同列'长安五谏'，有他出面肯定够分量。"关键的一点是，赵士春与黄道周关系很铁，通过黄道周就能说动他伸出援手。

吴国辅从上到下都考虑到了，给郑鄤如此这般安排了一番，一整套"组合拳"已经打到最后一步。只要吴孟明开堂，几位联系好的乡人上堂顺水推舟，说几句好话，郑鄤就能转危为安，顺利出狱了。

只是人算不如天算，几人的合计被王章的家仆得知。不知道是有心还是无意，这些算计被家仆捅了出去，在京师常州人圈子里疯传。

就算朝堂诸公甚至皇帝都忘了这个案子，但总有些人不会忘记，不然怎么叫郑鄤犯了众怒呢？这时吴宗达、温体仁都不在朝，倒郑派看似缺乏主心骨，但这回，已经不需要阁老级别的人出手了，他们推出了一位闲散小官——中书舍人许曦。如果说吴国辅是"捞郑办"主任，那许曦就是"杀郑办"主任。

有人说是为了斗倒郑鄤，才特地给许曦安排中书舍人这么一个闲散官。但换个逻辑想想，对头势力为了弄死郑鄤，不惜投入巨大的权钱资源，将一个普通秀才运作为中书舍人，与东林军师汪文言一个待遇，不正说明郑鄤得罪人太多，甚至到了对方不惜一切代价，也必须置他于死地的地步吗？

当得知有人正在实施"捞"郑鄤出狱的计划时，许主任就开始出手阻止了。

许曦先找到此时朝堂中倒郑一方最有分量的兵部尚书陆完学，

把对方谋划和盘托出。陆完学不愧是大司马，立刻拍板：郑鄤必须死，而且必须立刻就死。有这一句话，陆家长公子的证人身份也就告吹了，捞人一方筹谋已久的证人组合立刻瓦解。陆完学的支持很关键，要知道陆尚书也算是东林一员，他的决定代表着与郑鄤同为东林的官员也认为郑鄤有罪。

接着第二步，就是由许曦联合在京常州人士，包括陆来复、赵德荣、杨琛在内的九人上疏，再参郑鄤。反正气氛已经到这了，那不妨火上再加一把油，这份奏疏加上了郑鄤强奸儿媳、通奸妹妹的罪名。联名具疏的几个人都愿意出庭作证，还表示可以让乡间更熟悉情况的郑家亲戚朋友、婢女家仆一起来作证。这么一番运作下来，"杀郑办"重新掌握了此案主动权。

郑鄤的新罪名是与妹妹、童养媳犯下乱伦恶行，吴宗达的检举信并无提及，这时提出，只会让局面更加混乱。但这一罪名相对来说最容易澄清。

郑鄤的儿媳是为次子郑献聘的，是同乡进士韩钟勋的女儿。韩女还没成年，韩钟勋夫妇就病死在任上，于是郑鄤将韩女领回家抚养，韩女成了童养媳。后来韩女为讨取母亲遗物与亲戚陆家发生了巨大的争执，最终因此得病而死。至于与妹妹的丑事，郑鄤也坚决不承认，民间传言也没有明确证据。所以，郑鄤的新罪名最为捕风捉影，最终也没有结论。

本来在吴孟明等人的计划中，第三次审理只不过是一场自导自演的庭审，但一桌饭突然来了两桌客人，锦衣卫有点难办。无奈圣旨已下，他们只得开始探访在京常州籍官员，结果问得两种意见：

一种是以陆完学为首的有罪派，另一种是两不偏帮中立派。

御史刘呈瑞说："当时我为了科举，天天忙着读书，没有工夫管窗外事，对此一概不知。"王章被吓唬过后，只敢旁敲侧击："我就是农民出身，家离着府城上百里，郑鄤的事是闺门内的事，其他都是乡野传言，我没看到过实情。"王章这话讲得很有艺术，可以理解为郑鄤罪行没有实情、实乃谣言；也可以理解为有没有罪"我不知道啊"。总之，一圈问下来，没有一个人为郑鄤"主持公道"。

此时此刻，郑鄤一方败象已露，但已经深陷其中的吴孟明，硬着头皮也得上。他报告道："查无实据，所有证据都是诽谤嫉妒之言，判革职太轻，遣戍太重，该怎么判，还由皇上定夺。"这是吴孟明最后的努力。

你以为时过境迁，记忆会淡忘吗？实际上，从崇祯皇帝到内阁，没有一个人忘记狱中的郑鄤，即使温体仁已经死了，内阁还有杨嗣昌、薛国观接班，多少双眼睛盯着呢。

这时，"杀郑办"最大的后台崇祯皇帝按捺不住了：都三年了，案情还在原地打转，不给点颜色看看，下面的人怕是还要糊弄他。崇祯一出手就"炒掉"吴孟明，这表明了他的态度。吴孟明是继冯英之后，第二个因为救郑鄤而被撤职的官员。

负责拟旨的内阁心领神会，给出了两个意见：第一，之前一直没有用刑，这次就安排上，不怕郑鄤不说实话；第二，让亲属、故旧到京师当面对质。

最后，崇祯亲自加了一条：由东厂、锦衣卫加入审理，厂公督阵。皇帝都打明牌了，形势急转直下。

崇祯十一年（1638年）七月十一日，法司会同东厂、锦衣卫提审，厂公曹化淳压阵，一上来就对郑鄤用了拶刑，也就是夹手指。采取这种刑罚也是煞费苦心，就怕打板子把郑鄤打死了。不过十指连心，拶刑也不是好熬的酷刑，但没想到，郑鄤咬紧牙关愣是没有认罪，审理方没辙，接下来只能宣证人到庭。

七月二十三日，许曦、杨琛先后出庭作证。对于这些证人，郑鄤一一批驳：杨琛，本来就是个黑社会小打手，且郑家跟杨家有房地产纠纷，杨家怀恨在心，证词不可信；许曦，年不过三十，却来证明二十七年前发生的事，这合乎天理吗？一场审讯下来，又是无用功，郑鄤依旧不认罪。此时，常州的证人还没到达，仍然无法打开局面。

冯英曾说"惑父披剃""迫父杖母"这种闺门秘辛，外人如何得知？所说的外人指的就是许曦、杨琛之流。虽说世上没有不透风的墙，秘辛可以由吴安人跟吴家人说，毕竟夫妻闹矛盾，妻子回娘家诉苦很正常；秘辛还可以从婢女、家仆处流出，吴安人有虐待下人的行径，那么下人在外说闲话则再正常不过了。但是，到了公堂上，就必须有过硬的人证物证，不能仅凭传言。

官府早已发牌至常州地方，提调相关证人，公文一来一去也花费了不少时间。等到崇祯十一年（1638年）初秋，郑鄤的亲戚姻娅、婢女家仆等才陆续到京。

接下来开始提审常州证人。郑鄤儿媳韩女的祖父在八月初六这一天上堂，老人已经快八十岁了，作供后身心俱疲，出了公堂就一命呜呼。

八月十一日，再次开堂，曹化淳暗示必须有所收获。这次是家仆出庭作证，对郑鄤而言，家仆卖主是因为有许曦等人收买。所有指控郑鄤拒不承认。

审案到此进行不下去了。所有证人，不是这不对，就是那有问题，而且用刑也没有撬开郑鄤的口，总之，所有攻势都被郑鄤扛住，案子似乎再度钻进了死胡同。郑鄤是两榜进士，这种伦常大案，没有真凭实据，就算天王老子压下来，也不能办得含糊不清，给世人留下话柄。

正当审判陷入僵局时，一个重要证人现身堂上。看到他，郑鄤彻底"破防"。

来人正是郑鄤一母同胞的亲兄弟郑鄜，也就是前文提到的那个欺男霸女、为祸地方的恶少。别人都可以撒谎陷害，亲弟弟总不会无中生有吧？这时郑鄜亲自上堂指正郑鄤杖母，他的证词可谓压垮骆驼的最后一根稻草。

这一天，郑鄤在堂上受拶刑两次，又受了一轮夹棍。身体上的痛苦他都扛住了，但在亲弟弟的指证面前，郑鄤放弃了抵抗，终于承认了杖母。郑鄤招供，堂上官松了口气——总算完成了上级交代的任务。

案子至此终于告一段落，剩下的就是量刑。事已至此，郑鄤还抱着一丝希望，时常询问看管锦衣卫有什么消息，当听说有一位刑部侍郎认为奴仆的证供不能作数时，郑鄤深以为然，还打听对方叫什么名字。

其实刑部已拟了死刑，按照《大明律》，杖母之罪已是"十恶"

之一，所以刑部拟的刑罚也算合理。对于刑部的判决，崇祯显然不够满意，出手将原定之刑改为磔刑。磔刑也称凌迟，俗称千刀万剐，受刑之人要承受三千六百刀才能死去，手段极其残忍。

郑鄤在最后时刻仍奋力一搏。他找到了皇后娘家，用上万两银子贿赂皇丈周奎，试图走通后宫的门路。后来传出宫中秘闻，有一天崇祯回到后宫，周皇后东一搭、西一搭地闲聊，聊着聊着皇后说："我听说有个常州人叫郑鄤的……"话还没说完，崇祯打断皇后，怒目盯着她问："你在宫里，从哪里得知这个郑鄤？"见皇帝如此，周后吓坏了，不敢再说一句。

✧ 是非功过转头空

崇祯十二年（1639年）八月二十六日黎明，凌迟旨下，郑鄤并不慌张，也许是早有心理准备。他整理了一下衣装，先拜天子，再拜双亲，然后被送往西市。

"杀郑办"主任许曦，一大早就来到甘石桥下四牌楼，送仇人最后一程。当时西市还空无一人，只有一些夫子在搭建监斩台。按照规矩，杀头的在西头，凌迟的在东头，东牌楼下有一个十字架，这是用来绑凌迟犯人的驴架。过了一会，差役提来一个小筐，筐里装着剐人的铁钩、利刃，差役在现场磨起刀来。

到上午九点多的时候，看热闹的人开始来了，人山人海围了一圈，周围的房子上也爬着人，熙熙攘攘，乱如集市。

这时，郑鄤被送到南牌楼下，他坐在一个筐里，发髻散乱，光着脚，旁边有一个童子，郑鄤正与他交代着后事。

有看热闹的人说，西城御史还没到，可能还要等会。原来监刑御史卢世淮仿佛不知道今天要上大刑似的，一早就往东去了，属下连忙追出去二十里才把人追回来，因此时间推迟了。

等到卢御史就位，才请出圣旨宣读，最后一句更是高声读出："照律应剐三千六百刀。"台下刽子手有上百人，群起应和，声壮如雷。看热闹的人顿时来了精神，纷纷踮起脚张望，人墙齐刷刷高了半尺。

郑鄤被刽子手从篮子里提溜出来，绑到驴架上，刽子手开始动刀。按照惯例，凌迟要剐两天，像正德年间剐刘瑾，足足生剐了三千三百刀，前后两天，据说第一天剐完人没死，还喝了两碗粥。凌迟就是存心延长犯人的痛苦。

这次，郑鄤家人上下打点过，刽子手不一会就取出肝胆内脏，放在驴架顶端。又过一会，刽子手一刀下去，身首相离，郑鄤已死，不再痛苦了。人死之后，再把尸体翻过来，后背还是完整的，刽子手休息一会，开始割后背。这时还有红旗探马，流星般奔入大内报告刀数。

到了黄昏，行刑完毕，但无知看客们已经把割下来的肉分抢一空，有的还沿街叫卖，因为听说人肉可以治疗疔疮病症。

在大明二百七十多年历史中，凌迟而死的文官不过三五人尔。有三人在永乐朝，分别是建文帝大臣方孝孺和铁铉，还有上书言靖难事的知府叶惠仲，都被明成祖朱棣所磔；还有就是袁崇焕，同样死于崇祯之手。

郑鄤死的时候，已是大明大厦将倾之际，能在十六年间两次动用磔刑杀文官，崇祯皇帝果然配得上他亡国之君的"威名"。也许只有在末世，才可能出现这样惨烈的杀戮。即使如此，崇祯仍不解恨，秋后算账将四十六名在郑鄤案审理过程中包庇、救助郑鄤的官吏一应处罚。

后世很多人都把郑鄤的大狱算到温体仁头上，还有人说非要杀他的不是温体仁，而是陆完学。其实真是太高看这些官员了，要杀他的分明就是崇祯皇帝啊。

那么，崇祯为何一定要杀郑鄤？

首先一点与朝野汹汹之议有关。郑鄤案中，挑头的是温体仁和吴宗达两位阁老，温体仁还是首辅，且单独上奏，相当于压上首辅的个人信誉来劾郑鄤，这在大明朝中非常少见。如果不是天大的案子，如果不是十恶不赦，哪用得着首辅亲自出手，多的是科道官效命，所以温体仁此举相当于你死我活的对赌。在这场生死赌局中，崇祯一开始就倾向于郑鄤有罪。

其次，郑鄤在乡间的所作所为，崇祯不可能不派心腹厂卫去了解，日后王世德听到的说法，当时的厂卫也会听到。无论是公举还是私访，都对郑鄤极其不利。恐怕从崇祯得到厂卫报告的那一刻起，郑鄤的命运就已经决定了。最后会审时，无论是家仆、韩女的祖父，还是最后的郑郿，他们在堂上的指正都非常致命。面对这些证言，法官会怎么想？已经先入为主的崇祯又会怎么想？

再次，崇祯太烦东林了。登基之初清除魏忠贤势力，崇祯需要任用大量东林的人马，所以崇祯初年，韩爌、周道登、李标、钱龙锡、刘鸿训充斥内阁，所谓众正盈朝。但东林诸君势大之后就忙着起复同党、钦定逆案、清算阉党流毒，对于辽东危机和全国性财政危机没有半分可行之策。

直到崇祯二年（1629年）的己巳之变，满洲八旗围攻京师，这让崇祯猛然醒悟：东林党天天让他亲君子远小人，身边已经几乎全是东林党了，怎么国事还是这样？显然是亲君子远小人不好使啊。从此崇祯算是明白了，光讲道德文章是不行的，于是他开始任用周延儒、温体仁这些东林党口中的奸佞。

如果说，什么是压垮东林最后一根稻草，恐怕要数崇祯九年（1636年）的杨嗣昌夺情事件。当年清兵入塞，兵部尚书张凤翼自杀，杨嗣昌正在家丁忧，崇祯决定夺情，让杨嗣昌接任兵部尚书。

本来在国家危亡的情况下，夺情是合理的，但是东林对此诸多指责。杨嗣昌上任之后提出"四正六隅，十面张网"的作战计划，把李自成军打得土崩瓦解，逃入深山，差点将流寇一网打尽，这足见杨嗣昌并非百无一用的书生，还是有点能耐。

但是，崇祯十一年（1638年）六月，黄道周仍然以夺情之事弹劾杨嗣昌，这让崇祯作何感想，难道杨嗣昌是小人，黄道周是君子？到了七月，君臣召对，黄道周依然是书生意气，不仅为自己弹劾杨嗣昌的奏疏辩护，言语间又影影绰绰提到郑鄤。此时正是围剿流寇的关键时刻，黄道周还在为"大逆不道"的郑鄤争取，这是谋国者应该做的事吗？

难怪崇祯私下对杨嗣昌叹道："太过分了，人怎么可能凉薄到这种程度呢？"又对大臣们发话："别让黄道周劫持为朋党。"随后将黄道周贬六级，赶出京师。东林这种不问国家生死仍要党争的举动，让崇祯彻底绝望，也许就在此时，崇祯下了寸磔郑鄤的决心。有此种种，郑鄤只有砍头还是凌迟的选择，没有一丝一毫活命的可能。

郑鄤身后，誉谤满天下。明末清初以降，文人很自然站成两派，比较有代表性的是被誉为清初三大思想家的顾炎武和黄宗羲，两人在对郑鄤评价上严重对立。

顾炎武是贬郑派，他写诗盛赞揭发郑鄤的陆来复、许曦等人，说他们是"侠士"，郑鄤是品质低下的"宵人"；黄宗羲是挺郑派，他为郑鄤写墓志铭，认为郑鄤最后承认杖母不过是为父亲背锅，这才是孝子所为。

从乾隆年间开始，舆论开始反转。沈德潜写《书郑鄤狱始末》，法式善写《郑鄤论》，梁章钜写《郑谦止之狱》，纷纷为郑鄤抱不平。民国年间常州人汤修业的五篇《郑峚阳冤狱辨》算是这一系列的重要总结。

这些后世的文献，大致有几个观点：第一，假如郑鄤真是忤逆淫邪的大奸大恶之辈，孙慎行和黄道周这种道德楷模还能跟他做朋友吗？第二，当时发生在郑家的闺中秘辛，外人又怎么可能知道呢？第三，因为郑家得罪了人，所以仇人们合起伙来污蔑郑鄤。第四，围绕郑鄤展开的阴谋，背后是有温体仁这样的大奸臣搞鬼。

如果仅仅是观点，谁都可以发表意见，但观点、辩论终究不是证据，都无法从正面推翻当时的司法定谳：三司会审确定吴安人嫉妒虐婢、郑振先家暴的事实，厂卫终审郑郿指正了郑鄤杖母。其实郑鄤打母亲是不是实情并不重要，重要的是，当时的人相信哪个说法。一个声名狼藉、已经社会性死亡的人，从常州乡野到京师朝堂，大多数人包括崇祯皇帝都相信，就是郑鄤打的。

多年之后，已经是大清的天下，郑鄤的儿子郑兢在一场文会中邀请了叔叔郑郿，叔叔为侄子新修的庵堂写了三首诗。看来，时过境迁，郑鄤子辈已经有人原谅了这位大义灭亲的叔叔。

第五章　挖了宰相的祖坟

崇祯六年（1633年）大年初一，本应是一年肇始的好日子，北京却迎来了异象——这一天沙尘暴降临京师，风霾大作，遮天蔽日。

更不妙的是，人们看到，朦胧之中的太阳仿佛长出了两只耳朵。这其实是太阳南北极在磁场作用下掀起的巨型日珥，但在天象占卜中，日生两珥是为大凶之兆，这也预示着新的一年，大明帝国无论如何也不会好过。

其实从万历四十七年（1619年）开始，大明朝的日子就一直难过，从辽东到苗疆，从陕北到山东，边患内乱此起彼伏，水旱天灾无年不有。

刚刚过去的崇祯五年（1632年），辽东方面，后金经过己巳之变，暂时没有大的动作。但帝国内部，暴乱接踵而起，王嘉胤、王自用、李自成、张献忠等人已成星星之火，点燃了贫瘠的土地；另一厢，孔有德的东江兵在登州地方的叛乱已经绵延两年，肘腋之患愈演愈烈。

　　大明烽火四起，要扑灭各地火头，朝廷必须处处用兵。打仗打的就是钱粮，为了应付疯狂膨胀的军费，崇祯皇帝已经在崇祯三年（1630年）再度增派辽饷，每亩再加三厘，由九厘增至一分二厘，这可以为朝廷带来六百六十万两白银。

　　但是，饷银是加征了，想要收上来却不容易，各地都在拖欠解往中央的税银。崇祯认为是下面官员懈怠，屡次三番下旨催逼："户部勒限各抚按查拖欠根因，一一指名纠参，以凭惩处，如过限不参，一体重治。"如山一般的重压，层层向下传递，催科追比成了悬在各级官吏脑袋上的达摩克利斯之剑。

　　说到钱粮，最让朝廷关注的就是江南。苏南浙北地区是中国自古以来的膏腴之地，以仅占全国6%的田亩交付了占全国近22%的税粮。于是，严催钱粮的圣旨下压到江南各府，申饬考成，"速报职名（以待处分），并勒完离任"。考核KPI，完不成都不许离任。皇命如山，江南地方官急得上蹿下跳，着手追讨积欠已久的赋税。

　　崇祯六年（1633年）新年刚过，常州府宜兴县的周文爌、张瑞如往常那样，来到南刘村催科追比。一向作威作福、予取予夺的他们，这次却遇到了大麻烦。作为代表政府下乡的家奴，周文爌、张瑞等人遭到乡民的强烈反抗。

　　一场为祸甚广，导致人头滚滚的民变，如火星落入草堆，一触即燃。

❖ 狐假虎威的豪奴

周文爌这年已经六十九岁了，跟慈祥老人毫无关系，倒是一个变老的坏人，是为祸当地的一霸。有多"霸"呢？佃农陈芝、陈明因为欠租，遭周文爌逼索，两人家财被一卷而光，陈芝被迫签下卖身契，陈明则把老婆卖了还钱；为谋夺保头周恒的八间房子，周文爌找了点由头将周恒索拿，逼他签了卖身契。

周文爌还和张瑞狼狈为奸，看上了孙士林的财产和妻子。他们凭空捏造，诬陷孙士林谋财害命，将其关入府衙，然后勒索孙家，将他的家财席卷而空。最终孙士林死在狱中，孙妻庄氏卖身，孙家被逼得只剩一个孤苦伶仃的老母。

同伙张瑞也是欺男霸女的恶棍。张瑞乡里李用的哥哥死了，李用寡嫂在外偷人，被李用父亲捉奸在床，李家将二人当场打死。根据明朝的律法，捉奸在床当场打死，捉奸者可以免于刑罚。但此事被张瑞揪住，他替寡嫂的父亲追告，逼迫李用交出田地三十六亩、房屋十间。

张瑞又见尹泰家境殷实，遂起了坏心。他利用尹泰那个不成器的无赖侄子尹阿瑞好赌这一点，设了局，让尹阿瑞赌输了一大笔钱，逼迫他以七十两银子写下卖身契，尹泰无奈只得代侄子还钱。后来，张瑞看上了徐春老婆宋氏，编了个借口，抓住宋氏的父亲宋亮，逼宋亮将女儿改嫁给自己为妾。后来张瑞逃跑时还不忘带上宋氏，可见其对宋氏有多喜爱。

这里有两个问题：周文爌、张瑞等人为什么能如此横行霸道？

他们又为何能一而再再而三地索拿他人、追逼钱财？

先回答第一个问题：那是因为周文爌、张瑞等人是地方簪缨世家陈一教家的家奴，他们的恶行是典型的狐假虎威、仗势欺人。至于周文爌身后的"老虎"陈一教，此人可不简单。

陈氏自明初定居宜兴亳村，开枝散叶，逐渐成为当地一个人丁兴旺、势力庞大的家族，唯一的遗憾是万历朝以前没有出过金榜题名的显贵。

但到了晚明，陈家祖坟突然冒了青烟。万历二十三年（1595年）乙未科，陈于廷考中三甲赐同进士出身；六年之后的万历二十九年（1601年）辛丑科，陈于廷的族叔陈一教高中二甲赐进士出身。陈于廷官至左都御史，加太子少保，陈一教也官至广东学政、山西右参政。几年之间一族之中两人金榜题名，老陈家顿时鲤鱼跃龙门，成为地方名门。

想要家族保持兴盛，出一代人才远远不够，还要一而再再而三地在科场有所斩获，巩固地位。陈家下一代的成就更为出色，到了崇祯元年（1628年），陈一教的次子陈于鼎高中二甲第九名，被选为翰林，这已经够上了宰辅的门槛。

人们在为陈于鼎的成就感到震惊之际，没想到一颗更为耀眼的明星会在三年之后腾空而起。崇祯四年（1631年），辛未科殿试放榜，陈一教的长子陈于泰竟然大魁天下，状元及第。在大明二百七十多年历史中，总共不过出了八十九个状元，陈于泰列为其中一员，何其光宗耀祖。而且陈于泰还在科举"决赛"中打败了名震天下的大才子吴伟业。吴伟业就是日后写下千古名篇《圆圆曲》

的猛人。

陈于泰高中状元，还有一段秘辛。陈于泰与当朝首辅周延儒是连襟，因此朝野均有传言，正因这一层关系，周延儒徇私撤下了本来是状元的吴伟业，把自家连襟顶为状元。

但这个说法并无实锤。先说皇帝点状元的程序是读卷官将殿试前十（通常就是会试前十）的试卷呈给皇帝，虽然试卷已有顺序，但皇帝可以随时改动，到了皇帝这一步，就不是首辅可以操作的了。再说，乡中有传言，周延儒与陈家有矛盾，陈于泰曾因为周家霸占他人房产而与诸生一起闹事反对；周延儒私下也对陈一教很不客气，蔑称其为"陈四倭子"，称陈于泰为"陈四倭子之儿"。

据谈迁所说，崇祯点三甲之后，周延儒作为首辅要开封唱名，当唱到"第一甲第一名陈于泰，常州府宜兴县人"时，周延儒顿时背脊发凉，浑身是汗，事后他曾对别人说："我作为首辅，拔擢了宜兴人为状元，天下人会怎么编排我啊！"周延儒也是宜兴人，别号周宜兴，当时从他口中唱出同乡举子中状元，无怪乎他会如此惊慌。

史书中关于两人的关系各有说辞。如果结合日后二人在朝堂上的互动来看，他们似乎并非毫无联系。为何此处要赘述周延儒与陈于泰的关系呢？全因周延儒也是这次民变中的重要角色，后面会讲到他的故事。

此处再插个题外话。陈于泰和周延儒这对连襟有个共同的长辈——吴宗达。他是两位状元夫人的族叔，曾高中探花。他的堂姐嫁给了常州官绅郑振先，生下长子郑鄤。吴宗达和郑鄤卷入的一桩震惊朝野的大案，就是上一章所讲的故事。

亳村陈氏自万历以降已经成长为一门四进士，翰林、九卿大僚盈门的科举世家。但随着地位抬升，陈家家声日坠，在民间恶评连篇。

作为大家长的陈一教在天启二年（1622年）退休回家，成为"乡居贤绅"。自他高中后，家中财富也如前章所述的董家、范家那样迅速膨胀，在宜兴、武进、无锡、高邮、江都、丹阳等县拥有大量田产。

人怕出名猪怕壮，陈一教乡居是乡居，但这个"贤"字很多人不认同。已故原吏部侍郎徐显卿曾是陈一教的科举业师，对陈一教有恩。徐显卿死后，家族败落，儿子徐元芳将设有祖先牌位的房子以七百两典卖给陈一教，然后又把自家房子以一千二百两卖断给陈家。陈一教在收房的时候，将徐显卿的画像、牌位移出，因找不到人接收，就遗弃到街上。

按理说，徐元芳在交接时就应将东西收拾好，更何况是这么重要的先辈遗物，为什么就留下了呢？再说陈一教收房后，发现对方遗留的物品，正常来说肯定是知会徐家来取走，或派人送还。可见，陈一教遗弃徐显卿遗物一事并不合常理。

可惜史料中没有给出答案，试做合理的推测，背后原因也许是双方在房屋买卖中发生了龃龉，或因价格，或因一些未尽事宜。

假设一个大家非常熟悉的情形，夫妻或情侣分手，其中一方对另一方说："你还有东西在我这里，是你来拿走，还是我给你快递过去？"另一方说："我不要了，你扔了吧。"陈、徐两家极有可能就在矛盾之下陷入了这种僵局，徐家可能故意不接收画像和牌位，陈家则出于情绪将画像、牌位扔了出去。

总之，陈家因为这些小事被乡里唱衰。但更大的问题还是来自周文爌、张瑞这些门下豪奴。陈家奴仆狗仗人势，肆毒乡里，导致民怨沸腾。如果仅仅是这样，那接下来的故事又是董份、董其昌事件的翻版而已，但这次事情悄悄起了变化。

❖ 宜兴乡间的星星之火

周文爌、张瑞在崇祯六年（1633年）农历新年一过又下乡收租，与过往不同，这次他们碰上了硬茬。他们来到南刘村，乡民们在村头设下禁栏，把催科的人拒之门外。村民放出狠话："有到我们村来追索诈取的恶徒，必然一刀结果了他。"周文爌看到气势汹汹的乡民，也不敢硬来，扔下一句"你给我等着"，便悻悻而去。

碰了钉子的周文爌跑到宜兴县县衙开出了拘票，有恃无恐地再度杀到南刘村——法宪在手，谁还敢阻拦，立马捉拿送官。拘票就类似于今天的逮捕证，代表着官府的司法权力。到这里，就可以解答上文的第二个问题，为何周文爌等人可以一再索拿他人、追逼钱财，全因他随时可以拿到官府的拘票。

南刘村设禁栏的人马以陈轼为首，其他人还有吴君可、周龙达、陈谋、周满三等。陈轼也不是一般人，曾经在官府当差，见过世面，所以地方百姓推举他为头领。但面对在他们眼前晃动的拘票，设禁群众感受到强大压力。他们非常清楚，过去那些被周文爌索拿者的遭遇，不是被逼得家财一空，就是死在狱中，无论哪种，都是家破人亡的下场。

众人一番商议，认为事情没那么简单，周文爌后面是陈一教这尊大神，陈一教的儿子陈于泰与宜兴县知县童兆登是同年进士，陈家此时正如日中天，肯定是陈一教找童兆登疏通了关节，童知县才给了拘票。设禁的团伙认为伸头一刀，缩头还是一刀，既然如此，不如一不做二不休，先发制人，把周文爌、张瑞等人抓住一刀杀了。

陈轼振臂一呼，应者云集，不仅有南刘村的村民，杨山村立禁的鲁教、宋祁等人也纷纷响应。众人手持刀叉剑戟，气势汹汹杀往周、张二人的居所马家庄村。谁知道有人提早一步通风报信，周文爌、张瑞得报之后，连忙收拾一点细软，带着家人溜之大吉。杀到地方的众人看不见对头，就把他们剩下的家私财物一卷而空，并且放了一把火，将二人宅院烧了个干净。

此番动手，不仅仅南刘村一处，另一位缙绅徐廷锡家也遭遇类似情况。徐家门下豪奴樊士章、张凤池等人平时也跟周文爌、张瑞等如出一辙，欺男霸女，勒索钱财，引发了被压迫村庄的反抗，愤怒的群众也将樊士章、张凤池等人的宅院抢烧一空。

几把火头点起来便一发不可收拾，人群杀到亳村、塘头、河桥、川埠、蜀山涧、北伏岭等地，将陈一教家的庄园一抢而空，付之一炬。

事变一爆发，地方官府高度紧张，知县童兆登出面邀请县内士绅出榜安民，并派人抓住了豪奴樊士章，另一个豪奴刘宁走投无路，主动投案，而周文爌、张瑞则继续外逃。本来这事就牵连着在乡缙绅，童兆登办了豪奴，却联合缙绅发文，让乱民认为他要伙同缙绅进行镇压。

此举导致民怨无法发泄，如果说此前禁民事出有因、目标明确，那么接下来就进入了事件扩大化的局面。缙绅周启玄家境殷实，并无横行乡里的劣迹，但吴君可、周龙达、陈谋、周满三等人见财起意，冲入周家大肆抢劫，还逼迫他写下欠条和转让田宅的契约；周满三白天四处游荡，无故殴打他人，抢劫路人钱财；张襄、欧明等同乡农户，不过家境殷实，周阿荒、钱大、管望等人就殴打勒索他们，将他们家财洗劫殆尽……短短几日，烧抢掳掠此起彼伏。

面对乱局，童兆登赶忙指挥差役四出抓人，陆续将主犯陈轼、吴君可、陈谋抓获，但陈轼的儿子陈天益还在外兴风作浪。陈天益扯了一面旗子——上面写着"为父报仇"，纠集了一帮人马四处盗墓，绑架富户索要钱财。

在这个过程中，陈天益挖了陈一教家祖坟，还开棺曝尸。挖人祖坟在那时可是大罪，挖坟不见尸都要判流三千里、杖一百，如果挖到尸体，就要判绞刑。

陈天益、杨元珊等人还放出话，要号召一票人马进城劫狱。流言四起之际，知县童兆登紧急关闭宜兴城门，对出入人员严加盘查。此举虽然能保卫县城不被攻击，但也造成乱民在乡间流窜，宜兴乡间进入了无政府状态。

事情发展至此，出现了一件特别诡异的事——领导民变的首脑陈轼竟然出狱了。这事在当时犹如罗生门，因为官方报告记录了事件的两个版本，到底是怎么一回事呢？

第一个版本记载，正当宜兴县人心惶惶之时，城里来了一票人马，为首的叫杨肇基，身份是杨舍营的哨官，他声称此行是为了体访事情、抓捕盗贼。杨舍营位于江阴县，是嘉靖年间为了备倭而设的，可杨舍营离着宜兴县有两百里地，这彪兵马怎么会来到这里？但处在风雨飘摇中的宜兴县已经无暇考虑这些，起码有军兵前来，也能给人壮胆。

杨肇基大大咧咧占据了宜兴城内的"政府招待所"，打着保境安民的幌子向民众勒索钱财。不仅如此，这位哨官胆子还很大，又跑到事件发生的原点南刘村，对村民一通忽悠，号称受官员委派，前来"乔事"（调解），能帮村民脱罪。杨哨官这样一番操作，还真有人相信他，拿出四十两银子让他"捞人"。

如果杨肇基是真骗子，也差不多该收手了，拍拍屁股走人，怕是谁也找不到他。但是，他竟然回到宜兴县衙，对着童兆登又是一番忽悠，说只有将陈轼等头目放了，才可以安抚各处民团，平息事态。童兆登不知道是搭错了哪根筋，竟然就信了这厮。杨哨官将陈轼、周龙达等重要人犯戴上头套，带走了。

只是这位爷也没什么出息，办成这么匪夷所思的事，竟然只拿走四十两银子，就把民变的首脑给放了。更搞笑的还在后面，杨哨官兜里揣着银两在外晃荡，却被一些"罡棍"盯上。罡棍就是打行里的打手，专行坑蒙拐骗、敲诈勒索之事，相当于那个时代的黑社会。他们跟踪杨肇基至僻静处，上来就抢，杨哨官没有震古烁今的武艺，好不容易骗来的银子都被抢了。

最后，杨肇基被问罪。像他那样胆大包天、私放要犯的罪犯，会被判什么罪呢？按常理当然是死罪！然而杨肇基的罪名是"假差遣体访事情、缉捕盗贼为由，占宿公馆，吓取财物，扰害军民"，按《大明律·刑律》，量刑以"窃盗得财"而论，再加上按《大诰》有减刑条款，他只被判了杖一百、徒刑三年。这个判罚有点"罚酒三杯"的感觉，一个大罪，竟然判得如此之轻，令人难以置信。

这样离奇的故事，如果不是白纸黑字写在上报朝廷的奏疏中，的确难以让人相信。也许是因为过于离奇，故事又有了第二个版本。只是，这个版本，更加"超凡脱俗"——陈轼等人竟然是被官府主动放的。事后赶到宜兴平定事端的常州知府洪周禄，与陈轼等人约定，将他放出城弹压乱民，并要他带着儿子陈天益和其他头目投官。

这两个版本都记录在上报的奏疏中，陈轼被抓了又放，可以肯定确有其事。那么这位离奇的杨哨官的离奇故事又有怎样的内情呢？稍后再做解答。

放走了陈轼并没有让骚乱消停半分，处于火头上的民变还有向周边武进、溧阳、金坛等地扩散的趋势，这些地方也发生了一些零星的抢烧事件。由于三地分属常州府、应天府、镇江府管辖，与宜兴交界，万一事态进一步扩大，恐怕有酿成大祸的风险。

江南是朝廷财赋重地，历来是大明朝廷的心头肉，一旦发生事变，对已经困难重重的帝国财政来说不啻釜底抽薪。民变一起，便引起了江南各级官员的高度重视，办事不力的童兆登官运到头了。接替他的官员蒋英，以及随后赶来善后的祁彪佳，要如何快速、圆满地平定骚乱？抓了又放的民变首脑陈轼父子又会如何动作呢？

◇ 平息民变，陈氏背锅

消息传到常州兵备道按察司副使徐世荫那里。这位徐大人是浙江衢州府开化县人，天启五年（1625年）进士。有人请求徐大人火速发兵平息民变，他总算比较冷静，说："这是乱民，不是流寇，要解决其中的矛盾，只要挑关键的人抓住惩罚就可以了。"

徐世荫的办事原则也是"只抓首脑，胁从不问"的老招数，但派什么人、具体怎么办仍然面临挑战。他派出蒋英接替童兆登为宜兴知县，另派常州知府洪周禄、推官吴兆莹赶往宜兴平事。

万历三十八年（1610年）同进士出身的蒋英和宜兴关系颇深，他曾经在此地当过知县，后来差事没办好，被调走了。什么差事呢？就是催租、要账的差事。反过来看，这个差事办不好，老百姓遭的罪就小，蒋大人在当地的官声就好。蒋英在当地有良好的群众基础，派他去，也有这层深意。

相比于不得要领的童兆登，蒋英就精明强干得多。他单人匹马到达宜兴，立刻采取了几项措施：其一，他命令大开城门，以示官府平定骚乱的信心；其二，出榜安民，这次榜文特别宣告百姓，可以投诉士绅恶奴的罪状；其三，多方缉拿逃跑的恶奴；其四，鼓励乱民自己投诚，告诉他们只要献出首脑就不抓胁从。

这些措施都有很强的针对性，原则就是"先治奴，后治乱"，将首脑如周文爌、陈轼等人捉拿，不株连过多。而针对陈一教、徐廷锡等缙绅，要调查他们有没有横行乡里，酿成祸变。另外，对当事官员也要议处。

如此一来，控告土豪劣绅的状子如同雪片一般飞入衙门，蒋英应收尽收。很快，官差也将两名重要的肇事者周文爌和张瑞抓获到案。此些举动让老百姓的愤怒得到发泄，民怨渐渐平复。

至于乱民这边，核心问题就是被抓了又放的陈轼。经过哨官杨肇基的一番操作，陈轼已经"飞入菜花无处寻"，但他不归案，事情肯定没那么容易平息。正当官府上下正在为如何捉拿他苦恼之际，陈轼和儿子陈天益竟然走入了宜兴县衙。

陈轼当真算是一条好汉，不但表示好汉做事好汉当，还主动协助捉拿其他重要头目。到了崇祯六年（1633年）二月二十二日，陈轼将陈钟、赵礼、周满三等人带到衙门归案。陈轼与部分头目已经到案，乱民失去了组织，第二天他们跑到宜兴城外东仓，对着城墙下跪磕头后便一哄而散。宜兴的乱局至此基本平息。

宜兴得到安定，邻近州县的动乱也如骨牌一般应声而倒。武进县尚宜乡的闹事者华宾之、华复之等被抓获，张渚镇乱民潘义、江麟等或擒或逸，所在巢穴也被官兵捣毁。双桥、戈城、阳山等地民众纷纷偃旗息鼓，地方趋于平静。

按照后来全权处理民变的巡按祁彪佳所说，陈轼之所以主动归案，还协助将其他头目一起抓来，是为求赎罪，而非什么相约到案。

前文说到陈轼被释放一事有两个版本，一是哨官杨肇基所放，二是常州知府洪周禄所放。那么哪个版本才是真的呢？现在我们可以试着断一下这桩"悬案"，还原事件真相。

陈轼被杨哨官释放，是时任知县童兆登在城外乱民"劫狱"威胁下，不得已而为之。而杨肇基顺水推舟、从中渔利，知县大人则一只眼开一只眼闭，这是官吏常规操作。如果不是这样，杨肇基怎么可能判得那么轻呢？要知道他放的可是民变主犯啊，无论如何都是杀头的罪；只有他秉承上面的命令放人，才能说得通为什么最后只以窃盗之罪判了他杖一百、徒三年。

至于洪知府所说，与陈轼相约，让他外出招降纳叛再投案的版本，是陈轼主动归案后官府编造的说辞。也就是先有箭再画靶，是以结果倒推行为的牵强附会。洪知府说出这样一番计策，才能体现当官的运筹帷幄啊。如此还原离奇的捉放曹，是不是才合乎常理？

处理民变这样的大事，官员们竟然如此胆大妄为，最后编出个诸葛亮式的山人妙计忽悠朝廷，真是清明节烧纸，糊弄鬼呢？所以，朝廷对地方非常不满，多次下诏提醒地方官员要认真办事，不得"泄玩"；还特地敲打了当事官员，童兆登、洪周禄、蒋英等都要进行调查。从朝廷的态度，更可以看出这事的弯弯绕。

按理来说，民变在一月初八开始，到二月底基本平定，持续时间并不长，但地方还是受到朝廷的指责，处理民变的官员也要被调查，这说明民变并没那么容易解决。

到了三四月，宜兴县西乡五洞桥、凤凰窠的罡棍又不老实，以借米为名，成群结队四处抢劫。这伙人的行为就是趁火打劫，跟民变初衷完全没关系。但是，民间盛传罢棍要与设禁乱民结寨连泊、合兵一处，于是官府立马派兵把首恶陈光宇、黄寿七等抓住，罢棍们就散了。

由此可见，虽然明火已被扑灭，但余烬仍然存在。此次民变发生在江南腹地，牵连着好几个县，朝廷最怕就是动摇帝国赋税的根基。因此民变发生后，朝廷高度重视，崇祯也多次做出重要指示。一开始官员们仍然按照老皇历，把目标指向了豪奴，说他们"催租盘债""催租用极""拷而逼写田地，计陷而吞占子女"。

但这一次，事情起了变化，巡按御史禹好善上疏戳破了这层窗户纸："老百姓变乱的原因还不知道，但无能的巡抚庇护地方士绅却是有证据的，一定要严查到底，为民申冤。"御史的剑刃直指巡抚，其后兵科给事中史可镜也指责抚臣"泄玩"，都是在责备地方官员包庇陈一教、徐廷锡这些始作俑者。

三月二十四日圣旨到，直接为民变定性：陈一教父子"婪横异常"，近日地方的动乱，是日积月累的仇怨酿成的。与过去董份、董其昌事变等类似事件不同，以往官府的做法都是打击豪奴，放过甚至保护乡居缙绅，而这次缙绅成了攻击目标。

事情虽然暂时平息，但离彻底解决问题还很远，朝廷要对在乡缙绅动手，而缙绅是地方一霸，通常有着比官府更大的地方权力，此番要动地方上影响力最大的亳村陈氏，又有什么深意呢？

想要了解其中奥妙，就要把时钟拨回到崇祯六年（1633年）正月，也就是宜兴民变爆发之始。正当陈轼"揭竿而起"时，朝堂上也风波骤起。首辅周延儒与宣府监军太监王坤发生了矛盾，作为同乡、连襟的陈于泰选择站在周延儒一边，上书弹劾王坤，说王坤在宣府如同皇帝，赏罚大权都由他一言而决，应该罢黜他。

王坤可不是省油的灯，立马上疏反击，不仅"怼"了周延儒，还捎带打击了陈于泰。王坤指责陈于泰污蔑皇帝，"明讥暗刺，谤讪欺妄"，"亏损圣政"，借着攻击自己来指责皇帝，尽是诛心之语。

在大明的政治格局里，文官与宦官的较量，大多数时候都以文官失败告终。王坤是谁？乃是崇祯在信王潜邸时的故人。在这场政治风波中，崇祯站在王坤一边，很不客气地说："廷臣于国家大计不之言，惟因内臣在镇，不利奸弊，乃借王坤疏，要挟朝廷，诚巧佞也。"

崇祯这话非常重，指责大臣们借着王坤的事借题发挥，要挟他老人家，都是投机取巧的奸佞。在他眼中，曾上疏弹劾王坤的陈于泰也是奸佞。最后的结果是，周延儒失宠，没过多久就被罢相。

有这么一出，陈家的命运也就不难预料了。常州府推官吴兆莹、镇江府知府王秉鉴负责审理陈家，得出五条罪状：一是"忍毁师像"，就是前文提到的徐显卿家房屋买卖龃龉之事；二是"窝贼盗粮"，指早年有街溜子屠明，在县官仓附近开小酒馆，曾偷盗了官仓粮食，事发后潜逃，藏在陈一教家；三是"殴打县官"，指陈于泰纵容家奴殴打武进县知县岳凌霄；另外还有"捆杀青衿（学子）""捏陷多命"两条罪状。最后，作为平定乱局总指挥的苏松巡按祁彪佳一锤定音：五条罪状都确凿无误。

结果，陈一教即使退休了还被降等，官运正隆的陈于泰和陈于鼎兄弟被削职为民，一直到崇祯走上煤山也没有再起用。惊惧交加的陈一教连家都没法回，最后客死在一艘船上。陈家从此淡出了政治中心，但他们的故事还没结束，明清鼎革之际，这个家族还要被卷入其中，此乃后话。

解决了这些大人物，下面的人就好办了，祁彪佳主持敲定了所有判决。豪奴方面：周文燧、张瑞、刘宁三人判斩，秋决；张凤池、蒋美、樊士章、张成、屠明等人判绞刑，后减等徒五年；再有胡成、周文训、许文炜等人或杖，或徒。乱民方面：陈轼、陈天益、吴君可、周爱泉、朱涵、潘大、周二、史心葵等判斩，秋决；陈谋、周满三、周阿荒等十人杖刑、徒刑不等；杨肇基如前述判杖一百、徒三年；另有陈钟、袁仕明等七人死在狱中。

到了崇祯六年（1633年）八月，事情算是告一段落。祁彪佳还须结案陈词，向皇帝报告事情的原委，杜绝类似事件再发生。陈家"收租勒耗""翻债取盈""催租盘债""催租用极""拷而逼写田地，计陷而吞占子女"，之前多名官员在提及乱因时，也都这样说。事情影响面看似很小，就是奴仆为主家收租时欺人太甚，逼得佃农反弹，即地主与佃农之间解不开的千年难题。

但这事没那么简单，常州兵备道徐世荫在进驻常州之后，除了接受诉状平民愤之外，还颁布了一道便民约款："行保甲，较斛量，禁豪奴，革增耗，绝盗献，均粮役，惩打抢，清胥吏，遏刁讼。"

这道约款除了"禁豪奴"，跟之前官员们揭示的地主收租子没有一点关系。但告示一出，老百姓顿时如遇青天，都想安居乐业了。徐世荫为何要开出一剂看似并非对症的药呢？

✧ 明为租佃，实则赋税

徐世荫的告示中，"行保甲""绝盗献"和"惩打抢"针对的是地方安全，与民变有关，而"较斛量""革增耗""均粮役""清胥吏"和"遏刁讼"显然别有所指。

那么他别指的都是什么问题呢？先说答案——他指的是此次宜兴民变的真正起因，即豪奴下乡收税。这一点在民变的处理过程中明里暗里都有揭示。

江南历来是朝廷的税赋重地，有"天下供给半取于江南"之说。过去江南富庶，依靠丰厚的田亩产出，以及大规模的手工业生产，如棉、丝纺织业，日子倒还过得去。在明隆庆、万历朝之前，江南地区物阜民丰，仍是太平盛世。

但是到崇祯年间，赋税包罗万象，内含金花银、太仓旧饷、加派新饷、杂项新饷、光禄寺厨料等。光给钱粮倒还罢了，还有徭役。江南徭役分五种，有布解（解运官布）、漕兑（水路运粮）、白粮（运送额外的漕粮）、柜头（管收税户投入木柜中的钱粮）、经催（收缴钱粮后逐级向上解运），每一项差事，百姓都要遭受盘剥。比如漕兑，就是粮户将漕粮交于漕军，在这个过程中，负责漕兑的百姓会被漕军勒索八九倍不等。

老百姓实在受不了，就开始拖欠，而地方官没法全力催征，久而久之也就默许了拖欠行为。当时对地方官的考核，以征到八成的税收为合格。官府和百姓之间讨价还价，你提高税额，我就拖欠一点，相当于打个折扣，老百姓缴纳八成赋税就可以成为良户，是合格的纳税人，而缴纳六七成的，也说得过去，官府不会把他们视为"抗税分子"。双方逐渐形成一种默契。这就是明末清初著名的"江南逋欠"。

"江南逋欠"直到清朝才得以解决。从顺治朝"奏销案"开始，清政府就对江南各地进行了大规模的清缴逋欠运动，上万名缙绅秀才锒铛入狱，甚至还有一些人掉了脑袋。经过顺治、康熙、雍正三朝恩威并施、人头滚滚的努力，这个延续两个王朝的问题方才得到解决。

其实"奏销案"发生的事情在明朝已有上演，崇祯四年（1631年）闰十一月二十三日即有"严催钱粮"的圣旨。自此，江南地方官急得上蹿下跳，开始追讨积欠已久的赋税。

其间，一些没完成任务的官员遭到降级：常熟县知县杨鼎熙连续受降职二级、降职一级、戴罪督催；署无锡县印、同知蔡如葵降俸，停升考，戴罪督催；长洲县署印推官王瑞称降俸一级；武进县前知县程九万受降职三级、降俸一级，又降俸一级；嘉定县知县来方炜降俸、降级。

这些信息都出自祁彪佳为那些完成追欠任务的官员请求开复所写的题疏。由此可见，苏松地方逋欠何其严重，追缴何其严格。地方官都如此狼狈，更何况下面的人？层层传递的压力，最后都压到了最下层百姓身上。

明朝收税，无法完全依靠胥吏，毕竟有编制的公务员没几个人。大明朝在早期设立了粮长、解户，以及布解、漕兑、白粮、柜头、经催等差事，应差的普通百姓要承受巨大的承运压力，承运的粮食万一出现问题，比如水火灾害造成损失，承运人就要负责，担任粮长的人，折腾一两回就由富户变成穷人了。

明朝的粮长制度在晚明时已经崩溃，征收粮税一职逐渐由市井无赖及奴仆们充任。但征税这种吃力不讨好的差事，没点好处谁干啊。于是，催征的直接经手人就会通过"秤头""火耗"等手段获利。所谓秤头，就是在过秤时，利用大小斗、空心秤砣等做手脚；火耗就是碎银熔化重铸为银锭时的折耗，张居正改革之后，粮税折成现银，从而产生了火耗这种新的贪墨手段。

无论是秤头还是火耗，其中的钱粮损失最终都会转嫁到纳税人身上，缙绅大户自有势力，无法欺压，被压榨的只有平民百姓。

在宜兴民变中，周文爟、张瑞等豪奴做的就是催征粮税的工作，但在官员口中非常隐晦。上下官员在处理民变时，极少提及催征的真实情况，根本原因就在于崇祯四年（1631年）的"严催钱粮"旨意。如果不是各级官吏层层传递压力，豪奴们恐怕也不会如此起劲，新年都还没过完就开始下乡催征。

所以，官员们要把"追比勒耗"从民变中摘出去，才能隐藏官府的责任，同时保住朝廷的赋税，不然事情一旦被戴上了"官逼民反"的帽子，就办不下去了。唯一实事求是的就是常州兵备道徐世荫。他在报告中说："周文爟等人各为其主，在收租税之外还勒索增耗，为此甚至擅自动用刑罚来催逼。"

佃户田亩同样要交税，徐世荫说的"租税"就是佃户田租，由土地所有者统一收取，佃租中有一部分要上交官府。除了一些真正的佃农，更多佃户是带地投靠大户的小地主或富农、中农，这种田地"挂靠"就是晚明时期很出名的土地"诡寄"。

百姓带地投靠世家大族的好处是，一来可以有依靠，二来可以免徭役，但粮税是无法免除的。缙绅大户也可以从寄户田地获得好处。按照地方追比赋税的额度，完成九成就算优等，有此一条，如果寄户100％交税，缙绅则只要上交90％，地方就能完成征税额度，剩下的10％是缙绅白拿的利润。

佃户不仅要100％交税，还要负担"增耗"，即运输、折兑时的损耗，比如前述的秤头、火耗。一旦涉及增耗，就必然涉及朝廷赋税，这就是奴仆为国收税的稳藏线索。

另外，周文爔能拿到县衙的拘票，也反映了他们下乡催征是为官府完成催科追比的工作，否则仅仅为了私家田租何以需要动用官府逮捕证？开拘票的行为只用宜兴知县童兆登巴结陈家是解释不过去的。

因此，实际上周文爔、张瑞等人当时扮演的就是征税墨吏的角色。在粮长、解户制度逐渐瓦解的晚明，税收的恶化（恶奴）、黑化（黑社会），反映了社会秩序崩坏的残酷现实。

尽管官官相护，处处隐瞒，徐世荫一纸便民约款却揭开了谜底："行保甲，较斛量，禁豪奴，革增耗，绝盗献，均粮役，惩打抢，清胥吏，遏刁讼"，处处指向压在底层百姓身上的千斤重担。

在这场以豪奴劣绅压迫与底层百姓反抗的传统大戏里，如果不加上施加压力的朝廷，如果不联系遍地野火的帝国，就无法还原整段历史的真相。

祁彪佳在日后给皇帝开出根治问题的药方时，就是请求暂缓该邑之旧逋，减少新税加征，认为蠲免赋税才是团结人心、消弭乱源的源本之计。但是他得到的只是严厉的斥责："宽缓旧欠，朝廷自恤灾黎，亦与此事何涉？辄尔渎请。"

在朝廷看来蠲免是蠲免，民变是民变，把两者混为一谈，就是祁彪佳的不是，怎么能把这层窗户纸戳穿呢？

不过祁彪佳在报告中表达了自己的担心：如果仅仅把民乱归咎于设禁的百姓，对其进行镇压报复，那么依然于事无补，事情仍会一波未平，一波又起。

正当朝廷以为民变平息，涉险过关时，祁彪佳的担心却一语成谶。一年之后，民乱卷土重来，而且这次的火烧到了前任首辅周延儒的身上。

◇ 挖周相国祖坟

周延儒，字玉绳，宜兴县人，科举状元，是明末重要的政治人物，两度出任内阁首辅，却落得个赐白绫自缢的下场，还进了《明史》的《奸臣传》。宜兴民变时的周延儒正好处在倒霉的时候，前面说周延儒与崇祯宠信的内官王坤"掰头"，最后还是输给了皇帝。

崇祯六年（1633年）三月，也就是宜兴民变稍稍平息之时，刑科都给事中陈赞化劾周延儒，事情闹到六月，周阁老只能下台走人。本来想回乡蛰伏一段时间躲躲清净的首辅大人，却被民变埋下的阴火狠狠烧了一把。

事情的起因在于周家的一个租客胡才。胡才是浙江湖州人士，以养鱼为业，后举家搬到宜兴，因为养鱼，租了周延儒家池塘旁的房子居住。崇祯六年正月，宜兴民变爆发，乡间乱成一锅粥，胡才家的房子被乱民烧毁。胡才思忖，房子是当朝首辅周延儒家的，房子烧了，自己也赔不起啊，于是他举家逃跑，不见踪影。

一年之后，崇祯七年（1634年）年初，事情完全平息，胡才方才返回宜兴。他打算追究房子被烧的问题，心想总要找人认头，不然自己就得赔房子。胡才所想当然也在理，但是民变已经平息了，如今秋后算账，便引起了某些人的不安。

首先有南刘村的陈三麻子、王宪卿，以及蒋墅荡的王泰、王兴兄弟。其中，陈三麻子跟前一年的民变首领陈轼是亲戚，也可以说，这些人是民变后不被处置的胁从人员。哥儿几个凑在一起自然聊起了前一年波澜壮阔的大事，不知道怎的，陈三麻子聊起民变处理，自然为自家亲戚陈轼父子掉脑袋唏嘘一番。

在几个乡人看来，身居首辅高位的周延儒和他的连襟陈于泰还不是穿一条裤子的？所以事情处理起来，必然有周阁老从中出力，官府才使出严厉手段杀了陈家亲戚，现在胡才回乡想要追究烧房子的责任人，那不是违反了官府胁从不究的精神吗？

他们越聊越生气，秉着不平则鸣的精神，一拍即合：去年他周延儒还是首辅，今年已经被贬官回家，哥儿几个一起给他点颜色瞧瞧。于是，众人商议停当，叫上了一年前闹腾得厉害的袁文正、蒋明甫等人，准备大干一场。

众人一直商议到四月才动手。初七四更时分，袁文正、王舆、杨茂、陈三麻子、堵成、王宪卿伙同另外五十七人要去干一件大事。一行人的目标是千塘头，他们一把火将周延儒家的一处庄园烧了，总共三进十五间房。事发突然，官府完全没有反应，只等到黎明时分，保长尹明才悄咪咪地跑来看了一眼，但肇事者早就星散了，鬼影都没有一个，尹明只能报官。

周阁老的房子被烧了，官府肯定高度重视，连忙派人来调查。这么大的事，还是有线索的，官差在三天后的初十便抓住王太、曹让，两人也将事件参与者一一供出，但人已经散伙了，一时间也没法将犯事众人全部都抓了。虽然没能抓住主犯，但官府已经在乡间感受到蠢动的气氛，布置了联防队在各地巡防守候。

果然，没过几天，袁文正等人又出动了。上一次只烧了几间房子，这对家财万贯的周阁老来说只是毛毛雨而已。这回要干就干票大的，有什么能把仇人给打疼呢？挖祖坟！

大明以孝治天下，孝道是顶级价值观，特别对士大夫而言，不孝就是不忠，那埋着祖先的坟茔，肯定是孝道所在。挖祖坟跟杀父夺妻一样，都是不共戴天的仇恨；再者，祖坟在风水中又有特别的意义，蕴藏着祖先的保佑，以及家族的运程。挖祖坟可以说是那个时代，对于某人某家族最阴损、最激烈的打击手段。就如上一轮民变中，乱民的一个重大罪状便是挖开陈家的祖坟。

离上一次行动过了大约一周，看守宜兴县的典史余开禄因公外出，被袁文正等人侦知，他们就在四月十五日半夜再度举事，一伙人跑到了周阁老家祖坟进行盗掘。烧房子容易，放一把火的事，挖祖坟可没那么简单，众人要撬开裹墓的石头，要刨开封棺的泥土，也算是大工程。所以盗掘者有人动手挖，有人在一旁生火给大伙做夜宵，众人热火朝天地干起来。

只是之前已经出事了，周家会毫无防备吗？

在周家祖坟附近的百姓发现动静，连忙报告了在那一带防备的捕哨潘熊。潘熊立刻率领联防队员五十多人赶来制止，盗墓乱民连忙星散，不过还是有杨茂等三人落网。幸亏及时赶到，检查一下，幸好，还没挖到棺椁。

对于去年声势浩大的民变，当地官员记忆犹新，如今死灰复燃，也足以让人心惊胆战。官府立刻安排严行缉拿，随后顺藤摸瓜，将有关人犯一一抓获。案情比较清楚，前后一审，谁是主犯、谁是从犯一目了然，但判罚很重——袁文正、王舆、杨茂、陈三麻子、堵成、王宪卿等六人被判了砍头。

对比一下一年前的民变，彼时闹出那么大动静，也不过杀了八个人，而这一次却有六人。这说明官府在处理后续变乱时用了重典，而且多少还有周阁老的因素在其中。

事情就这么很快地了结了，并没有造成太大的影响，但这是一起很令人玩味的案子。本来官府的安民告示就是只抓首脑不及胁从，这才使民变平息，但一年后胡才返乡追究责任，他背后有没有人指使呢？实在不见经传，但结合前一年夏天周首辅的返乡看，很难不把两者联系到一起。

巡按祁彪佳私下里认为，周延儒纵容家奴凌虐百姓，导致了这一出余波。但人家是卸任首辅，祁彪佳始终不敢将这些写在给朝廷的奏疏上，写的反而是一些片汤话，什么"民风剽悍""焚抢习以为常"云云。

但祁彪佳仍然执着地指出："而近多良化为奸，则因节岁歉收，资生无策，以故挺险生心，是穷民更宜恤也。"他一再请求朝廷酌免钱粮、缓收逋欠，始终认为催征才是官逼民反的根源。

朝廷自然不允许他在奏疏里"夹带私货"，斥责他混淆视听。显然，对于钱粮问题，已经水没脖子的大明朝一点也不松口，否则今天宜兴民变，就给宜兴免粮，他日松江民变，又给松江免粮，岂不是被刁民绑架，按闹分配？

想要永绝后患，就要轻徭薄赋，在即使千百年都换汤不换药的秦制帝国里，明白人仍然很多，都知道逼太紧，老百姓没饭吃，就要造反，但是如果看大明的赋税，明面上是很轻的，为何闹到了这个地步？

全因帝国盘剥与人民生存之间的平衡状态被打破了。如前文所述，除了正税，还有各种苛捐杂税，以及看不到的各级官吏的中饱私囊，所有这些搜刮与人民生存之间的平衡点，在宜兴民变中被打破了。

而这个平衡点，我们给它取一个名——"胥吏均衡"。

◇ **"胥吏均衡"的崩溃**

大明朝两京一十三省，万名官员，百万军兵，亿万黎民百姓，他们各司其职，各安天命，有种地的，有做工的，有行商的，有当官的，有为吏的，也有当兵打仗的，他们维持着这个帝国的运行。万历以降，大明已经变成了一个庞大的、迟钝的，却又始终拖着沉重脚步，踽踽前行两百余年的老旧帝国。

想要这个帝国始终平安运行，必须让所有人都有饭吃，老百姓吃饱了饭就不会闹事造反；军兵们有充足的粮饷，才能保障国防稳定；官吏也要拿俸禄，方能保证政令上通下达，国家机器顺畅运转。

但是，这一切都不是无根之木、无源之水，芸芸众生都是由两京一十三省十亿亩田地中一颗一颗种出来的米麦喂养着，农民种田缴税，国家用这些粮税养活皇家、朝廷、官吏、军兵。所以，这些粮税必须达到一个平衡点，也就是全国上下征收的粮税既要满足国家的开支，又要填饱贪官污吏的欲壑，最关键的一点是，还要让芸芸众生有饭吃。

大明赋税分为税和役，役是徭役，就是出人出力，为国家做牛做马，此处按下不说，单说这个税，也就是夏秋两季以粮税为主的税收。按规定，洪武年间每亩产出只收3.16%，万历年间只收1.97%。

人们会说，这点钱粮也不多啊。没错，这是正额，但架不住还有苛捐杂税。就拿万历年间苏州、松江二府为例，还有均徭税、开河税、练兵税、织造税、贴役税、加耗税、二京杂费、库子役、公务役等，比如加耗税就是借正税米粮运输损耗之名加征，公务役则是催办钱粮输纳之事。总的来说，纳税时前前后后所有支出都要从老百姓身上扒一层皮。

如果只有朝廷收的税还好说，但是，包含在征税中的，还有官吏的欲壑。凡是能过手的利益，官吏如何能袖手旁观？但他们不能从朝廷那里偷，只能在百姓锅里抢。正税、杂税之下，官吏的盘剥是比赋税不知道重多少的存在。

官吏收税，漕军兑粮，各行恣行刁揩。勒索耗米，有淋尖、踢斛、扇筛、样米各项陋规，每石耗折米一二斗不等；勒索羡银，则兑费之外又有小兑费、穿箩钱、倒斛钱，甚至粮船头舵、水手和仓场行概斛手并索常例，每石费银二三钱不等。这些现象无论是粮长制还是图甲制都无法禁绝。

比如"淋尖踢斛"，就相当刁钻刻薄。明朝用一种叫作"斛"的容器来装粮食，百姓将粮食放进斛里称重，计算粮食份额。称重时谷堆要堆出尖来，会有一部分超出斛口，这被称为"淋尖"。收粮的胥吏用铜尺在斛口上一刮，高出斛口的部分就被刮到斛外，这部分掉落谷麦照例是不退给纳税人的。

但事情还没完，胥吏会以迅雷不及掩耳之势对准斛壁猛踹一脚，堆满了斛的谷粒就在这猛撞之间簌簌而下，这一踹是为"踢斛"。

刮出、踢出的部分就是粮食运输中的所谓损耗，成为官吏的非法收入。如此一来，前来纳粮的老百姓，只能再缴纳额外的粮食补齐。

明制以斗、斛、石为计量单位，五斗为一斛，二斛为一石。就这么一刮一踹，本能盛五斗米的官斛，就可以多收至少一斗粮。一斛多收一斗，一石就多收两斗，这无形中等于给百姓增加了20%的赋税，而这些隐形增量，最后都被揣进了各级官府贪官污吏的腰包里。

如果仅仅是这一项增加20％，老百姓或许姑且可以接受，但除此之外，单与征收赋税有关且有据可查的贪腐方式还有索取看样米、起斛米、顺风米、养斛米、鼠耗米，还有扒斛钱、筛箱钱、斛脚钱、通关席面等。所有手段加起来，通常会达到纳一征三的程度，最极端的还出现过纳一征八。所有这些都得底层百姓承担。

千百年来，"淋尖踢斛"不能做得过分，历来只能踢一脚，胥吏们这一脚，总要恰到好处地落在一个平衡点上，这个平衡点既要让官吏贪得足够的利润，又要让百姓不至于被过分盘剥，闹事造反。

这个平衡点，就是大明朝，乃至唐、宋、元、清各朝，千百年来赖以延续的"胥吏均衡"。

一直以来，历史战战兢兢、如履薄冰地维持着这个均衡，在天平的两边，哪怕压上一根稻草也可能打破平衡。

但到了晚明，万历、天启、崇祯三朝，这个"胥吏均衡"一步一步被"三饷"压垮。

辽饷，自万历四十六年（1618年）起加派，用于支付辽东军需。天下田亩每亩平均加征纹银九厘，计五百二十万零六十二两，崇祯四年（1631年）每亩田加征提高到一分二厘，共银六百六十万两。

剿饷，自崇祯十年（1637年）起加派，用于剿灭此起彼伏的起义。朝廷增兵十二万，为此加征剿饷，总数两百八十万两，直到崇祯十三年（1640年）被迫停止。

练饷，崇祯十一年（1638年）九月至崇祯十二年（1639年）三月加派，用于操练兵马。清兵数次绕境蒙古长驱直入内地打草谷及屠城，杨嗣昌提议征派"练饷"七百三十万两以练兵御敌。

以上最多加到一千六百余万两（石）钱粮，朝廷加一厘，下面加耗一分，贪官污吏又不知道要刮多少尖，踢多少斛谷。

在这样的大环境下，朝廷对江南的催收已经到了竭泽而渔的地步，才有了"周文燿"们屡次三番下乡催征，才有了"陈轼"们为了阻止豪奴下乡催征田税而设置禁栏，产生了相当于地方自治、自保的组织。

官府为了让豪奴协助催征，甚至下放执法权，将拘票交给周文燿等人，豪奴们更加有恃无恐，进一步激化了矛盾。

类似宜兴民变的事件，甚至更严重的民变，已经一而再再而三地发生。从朝廷到地方官府，再到胥吏，乃至协助官府催征的豪奴，不断向下施加压力，而陈轼等人就好比是在谷底的硬石，压力一旦超过临界点，他们就会奋力反抗，只不过，这次抵抗因为官府应对得当，才得以迅速消弭而已。

但，帝国并非每次都能如愿平息乱局，宜兴民变的导火索就是催缴田税，由豪奴代行官府职责，下乡收税，这是晚明以降整个大明的核心矛盾。在战争和自然灾害的双重压迫下，大明这架千疮百孔的驽马烂车，在"胥吏均衡"被打破后，终于驶入了宿命的坟墓。

宜兴民变发生在崇祯六年（1633年）正月，就在三年前，离宜兴数千里外的陕北，另一块"谷底的硬石"李自成，已早一步在"胥吏均衡"破坏后，走上了扯旗造反的不归路。

◇ 尾声

宜兴发生这么大的事，肯定有人要负责，原任知县童兆登捅了这样的大娄子，怎么着也得吃不了兜着走吧。谁能料到，人家仅仅蛰伏了两年，又以太平府经历起复，然后一步一个脚印，扎扎实实地从吴川县知县做到刑部主事、员外郎乃至大名府知府。

接童知县手里烂摊子的是蒋英，他在平息民变时起到了关键的作用。但是，皇帝回复的旨意里，上来就要对他进行调查，指责他泄玩，没把差事办好。这是非常奇怪的事，一个接手补锅且的确将事情摆平了的关键人物，事后却被降职贬谪。

《明史》说这是因为他处理民变时，与陈家这样的巨绅不对付，进而得罪了陈氏与周延儒，最后被周延儒设计了。这个说法颇有争议，但如果对比童兆登的际遇，蒋英被贬很可能与周延儒脱不了干系。

既然蒋英没好果子吃，那另一位支持对缙绅开刀的当事官员巡按祁彪佳，更不会有好下场。他在崇祯七年（1634年）十月就被拿下，总共在任一年零三个月，这样的任期对一位巡按而言是非常短的。如果结合崇祯七年四月周延儒被刨祖坟的二次民变来看，人们很容易会联想到祁彪佳是因此而被周首辅编排。

但真正的原因恐怕还是祁彪佳三番五次为宜兴百姓诉苦，请求朝廷酌免该地钱粮。祁彪佳的这种态度是与朝廷的大政方针背道而驰的。

祁御史在巡按期间，几项重要的功劳，如"定解额""清隐租""平漕兑"等，无不是为减轻平民负担而做的努力，必然深得民心，苏松地方绅民甚至上疏朝廷请求留任祁彪佳。地方绅民请求官员留任，这可是比送万民伞更实际的爱戴。一个在地方因为酌免钱粮而与朝廷三番五次争取的官员，还得到如此拥护，只会进一步破坏朝廷的大政方针，朝廷又怎么可能让他留下呢？

被免官的祁彪佳在家六年，一直熬到崇祯十四年（1641年）才被起复为河南道御史。再度入朝后，祁彪佳依然我行我素，以清名、耿直著称。甲申之变前夕他被放巡抚应天，到了南京，随后在南明为官，但山河破碎，祁彪佳已经没有机会力挽狂澜了。当南明倾覆，清廷召他出仕之时，他投水自尽，成全了士大夫的忠节。

日后被清朝列入《明史·奸臣传》的周延儒在崇祯十年（1637年）起复，重新入阁。在最后几年的首辅生涯中，周延儒浑浑噩噩，百无一用，眼看明朝形势江河日下。到了崇祯十六年（1643年），清军再度破边威逼京师，周延儒自请出京督师，但他非但对清军束手无策，还跑到通州躲清静，每日与部属饮酒作乐，向朝廷谎报军情，伪造胜绩，甚至得到崇祯的嘉奖。但欺上瞒下始终逃不过东窗事发，得知情况的崇祯勃然大怒，赐下白绫三尺。

只是，这对君臣并没什么本质区别，周延儒吊死两个月之后，崇祯皇帝也走上煤山找到了歪脖树。

最后看民变的始作俑者陈氏，陈于泰、陈于鼎兄弟在崇祯死前一直居乡，闭门思过。哥哥陈于泰心灰意懒，长居乡间，没有搭理南明，直到顺治六年（1649年）病故。

弟弟陈于鼎的人生却很积极。明清鼎革之际，他出仕南明，任左春坊左庶子掌院事。然大厦将倾，他也无能为力。南明亡后，陈于鼎仍不死心，四处活动反清复明。顺治十六年（1659年），郑成功兵临镇江，陈于鼎与知府戴可进等计议迎降。郑成功兵败后，清廷查办"通海案"。顺治十八年（1661年），陈于鼎被检举入狱，解往北京处决。面对屠刀，陈于鼎倒是洒脱，留下一句"此生无憾"的遗言，从容赴死。

这些被卷入宜兴民变的缙绅官员，每个人都在"胥吏均衡"被打破之后吞下苦果。虽然祁彪佳、蒋英等也曾为了给百姓减负挣扎过，但大明朝已经面临无人能解的死局，是三百年未有之大变局。

第六章 让钱谦益为难的女人

有这样一位妇人，很不幸地身居恶邻之畔，邻居家是当地一门四进士的顶级簪缨世家；更不幸的是，恶邻屡次三番谋夺自家房产；最不幸的是，丈夫家祖上是恶邻的奴仆。

最终，他们抓住机会将丈夫堵在家门内，百般胁迫他签订让渡房产的契约，丈夫誓死不从。在备受侮辱之下，丈夫忍无可忍，自杀身亡。

当你是这位妇人，面对这样的情形，会如何处置？是哭哭啼啼安葬了丈夫，然后签下卖房契，孤儿寡母另找地方苟且生存，还是找这个跺跺脚整个地方抖三抖的超级缙绅豪族讨个说法？

崇祯十六年（1643年）十一月初一，南直隶常熟人祝化雍的妻子王氏，就是面对这一惨况的妇人。祝化雍已经变成了冰凉的尸体，而她手上只有一纸丈夫临死前写下的遗书，上面写着这样几行字："我死之后，儿孙们是要学伍尚引颈就戮，还是学伍员为父报仇，一切悉听尊便，为父都感激在心。"

伍尚、伍员出自中国历史中一段典故。春秋时，楚平王要杀大臣伍奢，就写信给伍奢两个儿子，对他们说，如果他们都回到京城，就赦免伍奢。

两个儿子明知道是陷阱，能怎么办呢？作为长子的伍尚对弟弟说："如果回去能赦免父亲，那就该我去，这是孝道；而你赶紧跑到吴国去，如果我们父子有个三长两短，你就想办法为父报仇。"

然后，伍氏兄弟两人分道扬镳，伍尚回到京城随父亲同死，伍员投奔吴国，最后借兵灭楚，鞭尸楚平王，为父兄报仇。这一典故千百年来为人传唱。

祝化雍这几句遗言是人生最后的呐喊：儿子，你们要为父亲报仇啊！

王氏拿着这张字字泣血的遗书，心中悲愤无助。她清楚地知道自家仇人到底是怎样强大的存在。

常熟赵氏，一门之中进士、举人迭出，在朝野做官的大神数不胜数。直接逼死丈夫祝化雍的赵士锦，在崇祯十年（1637年）丁丑科中进士，时任工部主事。

赵家从赵士锦的曾祖父赵承谦一代发迹。赵承谦乃嘉靖十七年（1538年）进士，官至广东布政使司参议。

祖父赵用贤更是显赫，为隆庆五年（1571年）同进士出身，官至吏部侍郎。天启初年，追赠太子少保、礼部尚书，谥文毅，《明史》有传。只看"文毅"这个谥号就知道赵老太爷有多牛。明朝官员谥号中能用"文"字，得是科举前列、能够选入翰林院的超级做题家。"毅"字还在明朝谥法中名列前十，整个明朝能谥作"文毅"只有区区十三人而已，且都是解缙、三元及第的商辂、宰辅张四维这样的牛人。

赵士锦父亲一辈，有伯父赵琦美，以父荫补官太仆丞，官至刑部郎中；父亲赵隆美，也以父荫为官，官至叙州知府，在奢安之乱中能指挥若定，保一方平安。

到了赵士锦这一辈更是科运兴隆，长兄赵士春是全国顶级学霸，与弟弟同科登第，高中探花。

不仅如此，赵家的姻亲也很有实力，赵士锦的亲家陈必谦是万历四十一年（1613年）进士，官至工部尚书。

赵家还是东林党的骨干力量，赵士锦有个早亡的二伯祖美，因名噪一时，连东林党大佬杨涟都亲临病榻旁嘘寒问暖。

在大明苏州府，能持续百年科运的家族非常罕见，归有光说过："吾吴中，无百年之家久矣。"通常都是显赫个两三代，便逐渐衰落，但从赵承谦嘉靖年间及第到赵士春、赵士锦兄弟双双报捷，赵家之盛正好一百年。

由此可见，赵家四世高门，百年簪缨，姻亲势力盘根错节，门生故吏遍布朝野，是当地各级官员都惹不起、躲着走的庞然大物。

反观祝家，苦主祝化雍虽有功名，也不过区区举人而已，官职只是一县教谕。让举人的遗孀去与这样的豪族巨擘为敌，这不是螳臂当车、飞蛾扑火吗？

但王氏却偏偏不信邪，非要给亡夫讨个公道。她坚信，就算是飞蛾扑火，也能闪出一瞬的光辉。

✧ 从奴到官，鲤鱼可以跃龙门吗

常熟县是大明南直隶苏州府属县，作为江南膏腴之地，常熟既是经济发达之地，也是文风鼎盛之乡。自唐至清，区区一县出过进士四百八十八名，其中状元八名，榜眼四名，探花五名。

在这个小县中，科举就如今时今日考公一样，是所有人的信仰，对祝化雍来说同样如此。经过十年寒窗苦读，祝化雍终于在天启元年（1621年）高中举人，当时他还不到三十岁，即使在常熟，也是了不起的成就。

为什么这么说呢？常熟属于苏州府，苏州、常州、松江三府所在的南直隶，是整个大明最难取取举人的地方。在晚明，南直隶的每次乡试都有超过六千名秀才参加，而中举名额只有一百三十八个，通过率仅2.3%；相比起来，举人考进士就"容易"多了，全国加起来就四五千人，冲击三百个名额，通过率至少有6%呢。所以，祝化雍能考中南直隶举人，在当地可算是一鸣惊人，要知道那一届乡试常熟中式者不过三人。

想象一下这样的情形：当省里派人来到常熟祝家，向祝化雍报捷中举的时候，祝家肯定门庭若市，乡里同贺，这可是光宗耀祖的辉煌时刻。"范进中举"的盛况在祝化雍这同样上演了一遍，不到三十岁的祝化雍也到达了人生的顶峰。

其后祝化雍屡次进京赶考会试，但终归功亏一篑，没有再向前一步。但这也没关系，举人在明朝已经是鲤鱼跃龙门了，考中举人，就正式踏入"官"的行列，虽然一开始授官不大，通常会从一县的教谕、主簿、典史之类的开始，但无论如何，他已经算跨过了官民鸿沟。

从此以后，祝化雍家门口会有一块木牌，上书"辛酉科举人"字样，这便是代表此户主人社会地位的举人牌，当官吏收税的时候，这一户人家必须跳过。

同时这一家的主人在没有外出做官的时候，是维持地方秩序的乡绅。他可以给知县写信，下款称"治愚弟化雍"，即举人与知县可以称兄道弟。诸生见知县叫作"禀见"，举人见知县则属拜客，是平等往来。举人见了知县平起平坐，举人要是不主动告辞，知县不敢主动提出送客，如果坐到饭点，知县请吃饭也是必需的。而且由于这家主人有权随便见知县，于是就出现了"请谒有司居间"的现象，即通过自己的身份居间为乡里乔事、说情。

州、县缙绅普遍参与地方政事，没有他们的支持，州、县官员大多不敢以一己之意擅自行事。遇到县中应办却难办的事情，如公益事业，举人可以出面同地方官说一声，几乎没有办不成的。

若有良民受土豪劣绅的欺凌，申诉无门，只要举人们去找知县讲明真情，也可获得公正处置。这样的举人，只要他平时注意一下公众形象，便会在地方上形成明星效应，哪怕是泼天大事，只要他出面讲几句话，就可息事宁人，因为乡人无不敬仰他，对他言听计从。

以上是政治身份，有了政治上的地位，经济上也不会差。举人家中田亩有免税额度，不用服徭役，特别是后者，这在大明是可以破家的苦差。一成为举人，周遭商人、小地主都愿以家产投寄门下免除税差，举人自然能分得他们一部分收益；而破落户小民则愿意通过卖身成为举人家的奴仆丫鬟，换取不用服徭役的好处，且能混得温饱。

所以一旦中举，就可保证衣食无忧，从来只有饿死的秀才，没有缺钱的举人。"范进中举"里表现得非常形象：有送田产的，有送店房的，还有那些破落户，两口子来投身为仆，图荫庇的。中举后两三个月，范进家奴仆丫鬟都有了，钱米更不消说。

祝化雍在天启元年的这一场大造化，某种程度上算是改变人生的一役。从此他也可以跻身上流了，比如地方有公事（修桥铺路、赈济灾荒之类的事）的时候，就会召集地方缙绅开会，祝化雍便有了出席的资格。

有一年冬天，祝化雍参与了一次地方缙绅会议。入场时，他碰到了当地另一位孝廉沈公，这位沈公看到化雍，就嬉笑着对他说："你看，今天真是冷啊，我这鼻涕又忍不住流了出来。"这句看似和气的寒暄，却引起了在座士绅掩面哂笑。

全场之下，唯有祝化雍一脸难堪，只能赔着笑脸与在座诸公打着哈哈。为什么一句"流鼻涕"，会让祝化雍陷入如此尴尬的情形？同为孝廉，为何沈公要出言讥讽？祝化雍身上又有怎样的难言之隐？

翻开明崇祯年间《常熟县志·选举志》，我们能看到当地在天启元年（1621年）辛酉科总共有三人中举，分别是钱赓、顾懋勋、顾化熙。刚才不是说，祝化雍在这一年中举吗，为何县志中没有他的名字？

在《选举志》中，顾化熙名下还有一行小字——"字来仲，姓祝，授丹阳县教谕"。看到这我们多少有点醒悟：这位顾化熙是否与祝化雍有点关系？没错，两个名字都属于那位原名为祝化雍的兄台。那为何他在乡试的时候要改名换姓去考呢？

这是因为，祝家祖上实在混得不怎么样，曾投入常熟海虞陈家为奴。对祝化雍而言，祖上为奴，则世世为奴，只要一天不脱离与主家的干系，便是奴仆身份。吴地俗语以奴仆为鼻，涕从鼻出，就是揶揄祝化雍的奴仆出身，士绅们显然因祝家先祖之故不屑与祝化雍为伍。

奴仆就如打在祝化雍身上的烙印一般，即使他已经鲤跃龙门了，士绅们仍然以此耻笑于他。那么，为何奴仆身份会是祝化雍无法摆脱的黑历史？

在明朝，奴不能简单地理解为奴隶，而是相当于家丁（家中仆役）、农奴（无人身自由的佃户），他们通过罪罚、买卖、投寄、继承等方式成为奴仆。典型的例子是电影《唐伯虎点秋香》里，唐伯虎卖身葬父进华府，便成了华府的家丁仆役。他不是自由人，属于华府的财产。奴仆人身属于主人，主人分家时，可以将奴仆与其他财产一起分配，也可以将他们出卖和转让。

在祝化雍所处的吴中地方，蓄奴风气非常兴盛，一个官宦人家有一两千奴仆并不奇怪。前面说过，有的人为了躲避赋役，会将人身财产投寄到缙绅门下，也有人活不下去了卖身为奴。

男子入富家为奴，会立下人身契约，终身不得自由，主家有事，必须呼之即来，且子子孙孙不得脱籍。即使有的奴仆家里有钱，花钱赎身，名义上脱离了奴仆行列，但实际上也无法与主人家并肩而立。

祝化雍的先人就在类似的情况下，进了常熟官宦陈必谦家为奴。陈必谦是万历四十一年（1613年）癸丑科同进士出身，排名虽不高，但官做得不错，崇祯年间曾任河南巡抚、工部尚书。陈家在当地也算是有头有脸的官宦门第。

但祝化雍并不甘心世代为奴，心中燃起了通过科举提升自身地位的念想。只是这不是仅通过刻苦攻读就可以实现的，奴是贱籍，在当时与勾栏、乐户、疍家、乞丐等都是低人一等的身份。

在对贱籍的歧视中有一点很要命：《大明会典》规定奴仆、娼、优、隶、卒等贱籍不许参加科举。对一心想通过科举改变命运的祝化雍而言，这不啻一条套在脖子上的绞索，让他永远无法挣脱命运。

时间久了，为贱籍有志之士鸣不平的大有人在，认为国家凭文章取士，在奴仆中有贤才的，怎么就不能参加科举呢？不过呼吁归呼吁，终明一朝都没有放开对贱籍的限制。

但限制事小，"考公"事大，对在任何时代都有"考公"信仰的中国人而言，办法总比困难多。既然有需求，就一定有解决办法，在大明出现了"冒考"这种操作，为贱籍解决了考试资格的问题。

所谓"冒考"，就是贱籍顶替良民身份获得科举资格，比如可以冒名顶替某位不会参加科举的人，或者以过继的形式投靠到他人家中，金蝉脱壳。在打通关节后，家里再上下使钱，找到五个一同参加考试的童生联名互保，反正那时候没有身份证，没有照片，加上明朝府县考官对此大都睁一只眼闭一只眼，只要贱籍者可以搞定乡里乡亲，无人举告，那就民不举官不究了。因此不少贱籍民众通过"冒考"改变了人生。

从祝化雍改姓为顾这个细节，基本可以了解他的手段大概率是过继到顾家，然后以此洗脱贱籍，获得科考资格。虽然史书上没有明说，但可以合理推断祝家虽然祖上是奴仆，经过几代的努力，至少到祝化雍这一代家里已经略有家财，可以供养子弟读书，也可以打点上下。

只是，即使通过"冒考"考中举人，祝化雍跑得了和尚也跑不了庙，同乡同里谁都知道他原名是祝化雍，家里曾是奴仆。父老乡亲也都瞧不起他，如果"不幸"与他碰面，充其量叫一声"祝举人"，有的人则干脆视而不见，招呼都不跟他打一个。

本来这也没什么，祝化雍坚信自己是家族改天换命的开端，只要忍人之所不能忍，未来，家族持续在科场斩取功名，持之以恒之下，总有一天祝家能获得乡里的真正尊重。

但祝化雍没有想到的是，一场祸事正在自家隔壁酝酿，且终有一日将他逼入死地。

◇ 对一座祖宅的强取豪夺

祝化雍一家住在常熟城南的祖宅里，据说这座宅子风水好，祝家居此之后逐渐发家并出了个举人便是明证。祝化雍打算一边读书准备再度进京赶考，一边等着授官出仕，小日子过得也蛮滋润。

崇祯九年（1636年）秋天，祝化雍突然听到了非常熟悉的喧天鼓乐。一支来自南京的报喜队伍敲开了隔壁家的大门，原来是他的邻居赵士锦在丙子科南直隶乡试中突围而出，高中孝廉。

　　本来这是好事，邻里两家先后中举，在士大夫圈子里也是美谈啊。但这只是普通人的看法，对于赵家可能并非如此。

　　赵家此时还是常熟的顶级门宦，但在崇祯年之前，赵家的情形还是有点古怪。自从赵承谦、赵用贤父子先后考中进士后，赵家已经多年未在科举上有作为了，赵士锦父亲那一辈，琦美、祖美、隆美哥仨，一个中举的都没有。

　　赵家再有人中举已经是天启七年（1627年），赵士锦哥哥赵士春在这一年考中举人。赵家从赵用贤隆庆五年（1571年）中进士到赵士春中举，在科举上断层了五十多年。

　　另外，赵家大神赵用贤在万历二十四年（1596年）就死了，人走茶凉，直到天启三年（1623年）赵用贤才获得恤典，加荫家中三个子孙做官，也就是说，赵家有将近三十年时间家中是无人做官的。且琦美、隆美即使依靠父荫当了官，相比于科举正途，荫庇出身的人在官场是低人一等的，顶了天也就做到知府。

　　祝化雍一个奴仆出身的贱籍，竟然能在天启元年（1621年）考中举人，这会给当时正处于家族低谷时期的赵家带来怎样的感受？史书中没有提及，但人们可以合理推测，肯定不是滋味。

　　幸亏赵士春、赵士锦兄弟争气，在天启、崇祯年先后中举，一洗笼罩在这个家族头上半个世纪的郁闷。赵家到了这时可以用"中兴"来形容。

而且在赵士锦中举一年后，崇祯十年（1637年）赵氏兄弟俩和祝化雍一同赶赴京城参加会试，结果是赵士春考了个全国第三，高中探花，赐进士及第，赵士锦也冲上全国第二十二，以二甲第十九名赐进士出身，而祝化雍却再度落榜。

对赵家而言，这是重回巅峰的一战，不仅打破了归有光关于吴中大家旺不过百年的魔咒，还让赵士锦扬眉吐气，在面对邻居祝化雍的时候，不知道他会不会有一种"你爹还是你爹"的畅快？

常熟民间风评，此番中兴让赵家气焰熏天，而以士锦为最，乡党给他六字评语——"尤贪悍，肆凶虐"。因为他在家里行四，乡党还给他起了一个外号"四大王"。风评如此之差，是不是真实的呢？可能性不小，因为在崇祯《常熟县志》里他哥哥赵士春和他堂哥赵士履都有传，但偏偏作为全国第二十二名的他没有。

赵士锦一朝进士第，便把威来行。他秉性贪婪无理，盯上了一墙之隔的邻居祝化雍。赵士锦琢磨着如何将祝家房产给霸占了，使自家进士府邸得以扩大。

地方豪门大户逼买侵占邻居家产的事件，在江南之地时有发生，有的还造成不小的骚乱。如万历十五年（1587年）九月，苏州的原兵部尚书凌云翼儿子凌玄应，依仗老爹的权势横行霸道。他也看上了邻居章士伟家的房子，想方设法要把章家宅子占了去。

凌家百般威逼利诱，章士伟胳膊扭不过大腿，答应成交，但正好赶上章老太太病故，章家遭遇丧事，多了支出，因此想让凌家多给一点钱，才愿搬家。凌家自然不肯，就派出奴仆驱赶章士伟，双方一来二去发生了争执，结果凌家奴仆一不小心将章士伟殴打致死。

闹出人命之后，作为章士伟同学的乡里生员去找凌家理论，结果凌玄应又以武力解决问题，派出奴仆打手数十人，关起大门，将理论的生员三人狠揍一顿。生员伤的伤，残的残，其中一名生员张元辅不堪受辱上吊自杀。事情闹大之后，凌玄应跑到南京上下打点，花了很多钱才勉强把事情平息下去，而凌玄应本人只受到小小惩处而已。

看来一旦家中得势，占有邻居房产以扩大门庭，已成了江南的陋俗。这一次的当事人是赵士锦，他想出了比凌玄应更狠的招数，就是抓住祝家的奴仆身份做文章，竟然要求祝家归还所占主人家房产。

赵士锦认为：首先，祝化雍先人投入陈家为奴，历经几代，直到现在，关系仍然存在；其次，赵士锦与陈必谦成为儿女亲家，陈必谦的女儿嫁给赵士锦的儿子，祝家所住的祖产已经由陈必谦作为女儿的嫁妆赠送给赵家。综上理由，赵士锦让祝化雍签字画押，将房子让与自己。

亏得赵士锦能想出这样的三段论，他的逻辑在今天看来就是强盗逻辑，但在当年却还真有几分道理。想要了解赵士锦的法理基础，就得再度回到奴仆与主家的关系中。

前面讲过，奴仆大体分成家仆和佃仆两种，前者主要卖身，后者不仅卖身，还要租佃主家土地。也就是说，无论哪种，奴仆的身家财产全部权利归属于主人家，奴仆也有世世代代为奴的"世仆化"倾向。

在明朝的司法实践中，构成佃仆身份的要素是"佃主田、住主屋、葬主山"；当主家的地产、房屋转卖或转赠他人后，奴仆转属新主人；主仆关系可以解除，前提是仆人离开主人的土地、房产、坟地等。

在徽州诉讼文书中，有这样一个案例：祁门县许文多的祖父在正德年间将一半家产卖给别人，后来传到了郑相达手中，许文多又从郑家手中租佃了原属自家家产的田地。隆庆年间，许文多又将自家居住的房屋田产卖给郑相达，然后租借了房屋。于是许文多成了郑相达的庄仆。但许文多因田地、房产都是原来自家的产业，非常不甘心作为奴仆被郑家使唤，于是在万历年间到县里进行诉讼，希望脱离主仆关系。官府判定，想解除佃仆身份也可以，但必须退还租佃郑氏的田地，搬离郑氏的房屋。许文多无奈，只能留下继续为仆。

事情还没完，天启年间，许文多的侄子许尚富积累了一定的财产，就另建家宅，企图脱离主仆关系，被主家再度告上县里。县官仍然维持之前的判决：许尚富只有脱离郑氏土地，退田退房，才能解除佃仆身份。

从以上例子不难看出，在明朝的乡规律法之中，奴仆想脱离主家，或者洗脱奴仆身份，必须具备同时脱离土地和房产的条件。

像许家卖掉房产田地给徐家，又重新租回自家田地，官府仍然认为许家人就是奴仆，想离开主家就得脱离主家产业。与许家卖产类似的还有诡寄，即一些有田产、房产的人为了逃避徭役，会将自己的财产一起投寄到乡绅官宦的门下，那些财产也会被视为主家的财产，纵然人可能仍然住于斯耕种于斯，但收获的一部分也要给主家占去。

那么问题来了，赵士锦提出交涉的房产，到底是什么性质？是不是祝化雍家早已卖出，或带产投寄的产业呢？我们先看看交涉发生后两方的态度。

在赵士锦提出交涉之后，祝化雍既没有寻求同乡缙绅出面说和，也没有诉诸法律，找县、府官员讨回公道，而是采取了"三不"政策——不见面、不理睬、不冲突。

乡人评价祝化雍，说他是狷介之士，以今天的话翻译就是"耿直boy"，还有另一层含义，就是老实巴交。作为一个老实巴交的读书人，祝化雍不善于与人争执，只是一直躲着赵家，坚决不与对方见面。

赵士锦看对方的"乌龟策略"，也是不依不饶，几番追问，只找到祝妻王氏理论。王氏也装傻，一推四五六："我家官人不在，奴家不敢做主。"

有见及此，赵士锦火大了，但对方毕竟是举人，不能像凌玄应那般直接派出仆人去强行拆迁。于是，他就命家中奴婢天天隔着墙咒骂祝家，什么难听的话都递过去，令祝家人无法抬头。

祝化雍为此忍受多年，实在没办法，就只能三十六计走为上。他在天启年间谋得了一个丹阳县教谕的芝麻绿豆小官，因此长期在外，极少回家，以这样的方式躲避对方的纠缠。

虽然赵士锦这个嫁妆赠予的借口看上去挺扯的，但为什么祝化雍既不同意也不拒绝，而是采取了拖延、回避的策略，仿佛有什么难言之隐，又有一些心虚理亏的感觉。

史书里没有说明祝化雍所住房子的产权渊源，那么祝家房产有三种可能：第一，是祝家人成为奴仆后，主人陈氏租给或借给祝家居住的；第二，是祝家为奴之后发家致富，自己花钱置办下的；第三，是祝家在成为奴仆之前就置办下的，在投身为奴时一并带入了陈家。

从争议大小来说，第一、第二两种的争议都不大。如果是陈氏的房子，陈氏有充分理由收回房产；如果是祝家后来买的房产，那也在法理上与主人家关系不大。

既然赵士锦敢这么催逼，那最有可能的情况就是祝家带产投寄，也只有这种情况，祝家存在某种程度上的理亏，既不舍得脱离名义上属于陈氏，但实际上属于自家的房产。

但无论哪种，两方都没有出示过硬的证据，赵士锦无法提供陈家嫁妆附带的文契，祝家也没有可以证明房产是自家合法拥有的契约，便造成了两方僵持不下的局面。

事情到了崇祯十六年（1643年）秋冬终于有了解决的契机。这一年又逢京城会试，各地举人再度齐聚京师，争取进士功名。二十多年来每战必与的祝化雍，自然也要赴京赶考，万一考中了呢？是不是就能逆转在房产纠纷中的不利局面？

结果，没有意外地，祝化雍与以前一样还是名落孙山。只是，这次祝化雍有点大意了，从京城回来后，他没有回到丹阳任上，而是直接回了家。此时正在家中守孝三年的赵士锦正好把祝化雍堵在了家里——终于等到你了，咱们解决一下问题吧。

◇ 祝化雍自尽，留下复仇遗书

为了得到祝家房产，赵士锦也并非完全是空手套白狼，而是愿意出钱购买。在堵住祝化雍后，赵士锦让人逼迫祝化雍收钱立契，以图结束这场持续了几年的拉锯战。

只是耿直老实的祝化雍就如那头死不低头喝水的犟牛，任人把嘴皮子磨破了，就是不肯签字画押，还是紧闭家门坚决要做缩头乌龟。

赵士锦见祝化雍油盐不进，终于忍不住了，盛怒之下，再度命手下奴婢开骂，又命家仆砸墙拆迁，将两家之间的院墙凿出个大洞，实现了两家合一的"夙愿"。

祝化雍夫人王氏跑到赵府理论。对于女流之辈，赵士锦也命自家老婆儿媳出来应付，两边女眷扭打在一处。赵家这边人多势众，王氏头发被抓掉一把，身上衣裙被撕裂，举人妻子遭受了莫大的侮辱。

多年来的屈辱、骂名，还有凿墙拆迁的重锤，如万针穿心，使得为了家族振兴、摆脱贱籍而数十年奋斗不止的祝化雍终于精神崩溃。他拿过纸笔，写下了人生中最后几句话，然后将三尺白绫挂到房梁之上——未及半百的他结束了自己屈辱的一生。

后来祝家在诉冤揭帖上的说法是祝化雍被赵府囚禁，用绳索绑住拷问，祝化雍是死在对方手上的，赵家还对尸体进行了搜查侮辱。但祝化雍留下遗书明确说是上吊自杀，与诉冤揭帖并不符合，如果尸体被搜查，遗书又如何能落到祝家手中呢？所以祝化雍上吊于家中才是事实。

家里人发现时，祝化雍已经命丧黄泉，只留下一张白纸和几行遗书：

> 行年未五十，被恶邻赵士锦逼占祖基，朝夕詈骂，辱及尔母，凌虐万状，含冤自经。虽类匹夫小谅，实出万不得已。横死之后，为伍尚者，为伍员者，听儿辈为之，我躬不阅，遑恤我后。崇祯十六年十一月初一日，父含泪遗嘱。

其中"匹夫小谅"出自《论语·宪问》："子曰：管仲相桓公，霸诸侯，一匡天下，民到于今受其赐。微管仲，吾其被发左衽矣。岂若匹夫匹妇之为谅也，自经于沟渎而莫之知也。"

管仲是齐桓公的相国，相传他发达前曾为贱业，孔圣人意思是，如果没有管仲，我们也不过守着"匹夫匹妇之为谅"，"小谅"就是"小节"的意思，指小人物恪守的体面和节操。祝化雍在四个字里就一语双关，既以出身微贱的管仲自比，又表明自杀是为了明志，保持不为强暴屈服的节操。

"为伍尚者，为伍员者，听儿辈为之"，典出《春秋左氏传》，前文已经解释过了。伍尚为救父献身是孝，伍员报仇是仁，祝化雍是在让儿子自己掂量应该怎么做。

这短短几行遗书，倒是非常能体现祝化雍的学术功底和节操，只是最后这句话奠定了祝家未来行事的基础。

不过，该怎么行事，该如何报仇？对祝家而言，报仇简直是一个不可能完成的任务。

此时，摆在孤儿寡母面前的路并不多，最简单的是息事宁人、忍辱负重、签字画押，避免与强大的对方发生正面冲突。但任谁拿着这份血泪遗书，都不太能咽得下这口气，除非王氏是那种没什么见识、懦弱无知的妇人。

但从祝家前前后后都由王氏出面应付，且还敢和赵家人理论厮打，就能看出这位妇人绝非等闲之辈，她纵然不是家中主心骨，至少也是敢于抛头露面、据理力争的明白人。

王氏首先想到的是请当地缙绅，也就是未出仕但有功名，或者居乡的前官员主持公道；另一边的赵家遇到对方刚烈自尽，也需要找缙绅说和。双方都有需要，那么找谁合适呢？

崇祯十六年（1643年），在常熟乡里，还真有一位大神坐镇，他便是鼎鼎大名的钱谦益。他与柳如是红袖添香的故事，由陈寅恪大师考证，已经路人皆知。此时这位大明的探花、儒林的泰斗、清流的领袖——钱谦益年过花甲，刚迎娶柳如是不久，正是新婚燕尔、夫妻情笃之时。

这一年，钱谦益卖掉珍藏的宋善本《汉书》，在半野堂之后新筑了绛云楼两层五楹，作为和柳如是的新居，并广纳藏书数万卷。

春风得意的钱谦益毫无疑问是此时乡邑中最有分量的名人。大明缙绅居乡时，有权武断乡曲，乡间一些普通民事诉讼，有名望的缙绅便可平事，不需要闹到官府。

但是面对这个棘手的案子，钱谦益选择了回避。他闭门谢客，表示这事他管不了。作为清流领袖，平时道德文章写得花团锦簇的钱谦益，为何面对此事当了缩头乌龟呢？

那是因为钱谦益没法表态。士大夫家族互相联姻，关系盘根错节，比如赵士锦与陈必谦是儿女亲家，钱谦益与陈必谦也有亲戚关系，陈必谦的母亲是钱家人，钱谦益还亲笔为陈母写过诰命。

如果偏向祝家，那岂不是一下子得罪了两个簪缨大家？如果偏向赵家，乡亲们会不会骂他庇护豪虐？在钱谦益看来，此事无论如何都会让他里外不是人。但不表态，也相当于表态——钱谦益是偏向于祝家的。

请缙绅主持公平行不通，王氏毫不犹豫地做了第二个选择——告官。自己丈夫是举人出身、朝廷官员，总不能就这样白白死了。祝家人把祝化雍尸体抬上县衙大堂，击鼓鸣冤。

但很快他们发现事情并没有那么简单，对头作为常熟顶级簪缨家族的威力此时就显现出来了。县衙的处理迟缓冷淡，尸体放在公堂七日了，地方官也不敢上报，更没有派衙役将赵家的人提来问话，而且邻里慑于赵家气焰不敢出庭作证。

这分明就是地方官，因为案情关系到当朝两进士的赵家而畏首畏尾。而且这种因争夺产业引起的纠纷，历来是公说公有理，婆说婆有理，只不过眼下苦主一家死了人，且死了一位举人，地方官更要小心翼翼处理。

此外，官府冷处理或许还有一个原因——此时的常熟县衙正好处在权力真空之中。上一任知县刘定勋在崇祯十五年（1642年）闰十一月上任，为官仅仅一年就死于任上。王氏诉诸县衙时朝廷正在选拔官员前来续任，而新任知县曹元芳要到崇祯十七年（1644年）

才到任。

但王氏只会觉得是赵家只手遮天，难道即使祝化雍死了，仍无处讨个公道吗？

还别说，前面说过的苏州凌尚书家逼买民宅案中，纵然苦主被打死，主持公道的生员被羞辱自杀，凌家也不过是受到轻微的惩处，人近乎白死了。相信整个常熟的人都不会忘记当年的事，现在他们都在看，这样一起逼死举人的纠纷到底会以怎样的结果收场。

此时，事情已经明显朝着不利于王氏的方向发展，无论是诉诸乡绅还是官府都没有得到说法。他们一家孤儿寡母，叫天天不应，叫地地不灵，官人尸体都过了头七了，也差不多要下葬了，只是人一下葬还能去哪里诉冤呢？

倔强的王氏只能使出最后一招——官府路线走不通，那就走民众路线。

✧ 王氏复仇记

祝化雍出仕后一直在丹阳做教谕。明朝县有县学，负责县内文庙祭祀，以及管理、教育一县的秀才，相当于今天的县教育局局长。祝化雍因为是老实、耿直的人，在工作时能够贴近群众，平时对县里生员的学习与生活都非常上心，因此在丹阳生员中有着很高的威望。

王氏想到了一条路子，就是找祝化雍的学生帮忙"公举"。所谓"公举"，就是乡贤就地方事务发表看法，他们通过与地方官沟通

（面见或公呈）表达意见。有资格公举的主要是在乡官员，但秀才、德高望重的老人后来也有了这样的权利。

到了晚明，秀才们将公举演变成操纵舆论风向的手段，借着为民请命的名头，向官府表达读书人的态度，逼迫官府公正处理案件，由几名、几十名乃至成百上千名生员共同参与。一旦公举，地方官府必须给予重视，因为处理不当就可能引发大事。

如万历四十四年（1616年），苏州昆山乡宦周玄暐撰《泾林续记》，这书多由嘉靖、万历年间典故所成，但里面许多记录得罪了不少当时的士绅与大家族，再加上周玄暐的儿子有仗势欺人的劣迹，于是乡里士民五百余人群起合诉，应天巡抚王应麟和督学、盐政二臣合疏上闻，周玄暐因而被逮。由此可见，乡间公举的威力有多大。

秀才们还利用地方官礼贤下士的风格，出入县衙，包揽诉讼，代表民众与官吏乔事。本来明朝并没有正式的讼师，过去讼师也大多是充军罪犯、闲散吏员和被革生员，但到了明中后期，生员也常有不顾体面的人，帮百姓写状子、递状子，入衙门打点勾兑。

对这些事王氏自然清楚，因此在百般无奈之下，她只能选择这一条路。于是王氏写了一封揭帖，也就是那时的大字报，把它贴到大街小巷，或者经人手传阅，用以带动地方舆论。

王氏一不做二不休，一下子印刷了五百余份，这个数字也显然是有的放矢——丹阳生员有四百多人，她就是要做到人手一份还有富余。印好揭帖之后，她把揭帖发往丹阳，动员祝化雍的学生们为老师讨个公道。

在崇祯十六年（1643年）快要结束的时候，丹阳诸生手里突然接到了这样一份揭帖，上面写下了自己老师屈辱的遭遇，文末写道："愿诸君敦侯芭之谊，举鲍宣之幡，助我未亡人，执兵随后，共报斯仇，则大义允堪千古。"

短短一句里，同样是引经据典，大义凛然。"侯芭之谊"典故出自汉朝，讲的是汉代文化"大V"扬雄家穷又好酒，因为罢官回家，门庭稀落。不过总有些人投其所好，拿美酒佳肴跟随他左右一同游学，巨鹿人侯芭就是其中之一，他得扬雄传授深奥的《太玄》和《法言》，事扬雄为师。

扬雄的朋友刘歆觉得这些人都是叶公好龙，并非真心向学，跟扬雄说："现在的人都是无利不起早，连《易经》都学不会，更何况《太玄》？我就怕他拿了你的书去盖酱缸。"扬雄听后笑而不语。日后扬雄去世，人走茶凉，更加无人问津，唯有侯芭为老师修筑坟墓，并且为老师守丧三年。

在此，揭帖作者将祝化雍比作穷困的扬雄，希望祝化雍的学生们以侯芭之谊为已经去世多日却仍未下葬的老师殓葬起坟，呼唤学生们勿忘老师的冤屈。

"鲍宣之幡"也是汉朝典故，说的是鲍宣为人刚正，敢对丞相执法，丞相孔光与御史中丞找了鲍宣的麻烦，把鲍宣以无人臣礼、大不敬、不道之罪下廷尉狱。鲍宣的学生济南人王咸在太学门口打出一面大旗："欲救鲍司隶者会此下。"振臂一呼，应者云集，太学诸生上千人集聚一堂，公车上书，终于为鲍宣解除死罪。

这个典故也是用得恰如其分，就是呼吁学生们如王咸救师集合起来，为祝化雍讨个说法。

假如你是丹阳学子，看着手中揭帖，想起侯芭对老师的不离不弃，想起王咸虽千万人吾往矣的义无反顾，岂能不热血上头，岂能袖手旁观？

这份揭帖虽以王氏名义发出，但四骈六韵，引经据典，典故渲染得恰到好处，令人热血沸腾，肯定是出于书生健笔。江南文脉昌盛，的确有些文化世家、簪缨大族的女性可以受到一定的教育，但对于一个奴仆家门，能否娶到高门大户受过教育的小姐，很值得怀疑。

所以，很大程度上，王氏应该是得到了当地某些读书人的支持，说不定还有与赵家不对付的当地其他科举家族的支持。总之，这份揭帖传遍了丹阳的大街小巷。

于是丹阳学子互相串联，几百位年轻人打起铺盖卷，自备粮食，浩浩荡荡穿州过镇，从丹阳奔向常熟。学子们抵达后，在老师家门口集会，振臂高呼，要为老师祝化雍申冤。

事情闹到这步田地，常熟的缙绅们再也当不得缩头乌龟了。当时赋闲在家的另一位晚明名臣瞿式耜出面，召集乡内缙绅们开了紧急会议，平息众怒。

瞿家也是常熟官宦世家之一。瞿式耜，字起田，是明末鼎鼎大名的人物，早年拜钱谦益为师，后中进士，为东林党后起之秀。崇祯皇帝吊死煤山后，瞿式耜被弘光政权任命为广西巡抚，后来还曾拥立永历帝，最后为国殉节。

这位以身殉国的忠臣此时正罢官在家。他与赵、陈两家同为故交，之前也采取了回避态度，只是眼前面对孝义诸生，终于坐不住了。他出面召集缙绅，大家自然都要给面子出席。

丹阳学子也参加会议，对缙绅们表达了自己的意见："赵家逼死朝廷官员，惨不忍睹，你们常熟号称礼义之乡，理应问罪作恶之人，但为什么又首鼠两端，不管不问？我们虽然不过一介儒生，但也知道在三之节，如果你们不管，我们就去京师，击登闻鼓，告御状，为常熟的士绅一雪前耻。"

丹阳学子这番申诉的中心词是"在三之节"，这也是《国语》中的微言大义。晋国大夫栾共子说："民生于三，事之如一。父生之，师教之，君食之。非父不生，非食不长，非教不知，生之族也，故壹事之。"大意是：父亲给我生命，师长给我教诲，国君给我食禄，所以人要始终如一地侍奉他们。

接下来栾共子还说了一句："唯其所在，则致死焉。"只要是君亲师的事，就算拼了一条性命也要干到底。后来，栾共子果然奋战到底，为主公晋哀公战死。

丹阳学子这是以"天地君亲师"的大义，告诉常熟缙绅：在座诸公听好了，如果今天诸公不给一个说法，那么我们就算是为老师拼上一条性命，也要诸公给一个说法。

头举春秋大义，丹阳学子可谓有理有据，痛快淋漓，将与会的常熟缙绅们骂得抬不起头来。特别是要拼命的气概，让在座儒学大佬们心惊肉跳，不敢说话。

其实他们不说话，还是因为事关赵士锦和陈必谦，众人始终拿不定主意。他们还是要看大佬钱谦益的脸色。乡绅们安抚着丹阳学子："我们说了不算，还是请钱谦益来公断吧。"

等了好大一会，钱谦益才姗姗来迟，瞿式耜将老师迎到堂中，将祝赵之间的矛盾和学子们的诉求前前后后讲个明白："这事大家都没主意，只能请老师周旋。"

钱谦益果然是老狐狸，先问："陈必谦老爷子意下如何？"因为祝化雍是陈必谦的奴仆，所以陈老爷子的意见也很重要。

瞿式耜说："陈老爷子的意思是，冤家宜解不宜结，愿意讲和。"

钱谦益沉思了片刻，看看堂下义愤填膺的诸生，说了一句杀人不见血的话："在陈既可以无君，祝亦可以无主。"然后起身拂袖而去。此言一出，丹阳学子顿时欢呼雀跃。

虽然钱谦益老谋深算，惜墨如金，但在此危急关头，也只好对不起陈家了。为什么说陈必谦无君呢？陈必谦年纪比赵士锦大，赵士锦也称他为兄，这事由陈家奴仆而起，一来闹出了人命，二来导致丹阳学子兴师问罪，已经酿成了地方骚动，快要造成民变了，但陈必谦作为维护一方稳定的士绅，不出来说一句公道话，岂不是辜负了君上赋予他们平时武断乡曲，维持地方秩序的权力吗？

这就是钱谦益所指的"无君"，特别是在常熟县衙无官的情况下，维持乡里稳定就是在座缙绅的事，所以钱谦益觉得陈必谦缺乏大局观，不能制止亲家赵士锦的贪婪逼占，酿成大祸。到了此时，钱谦益只能将陈必谦抛出来灭火。

"祝亦可以无主"一句则解除了陈祝之间的主仆关系，双方不是主仆，那赵士锦也就失去了逼占房产的主要理论依据。钱谦益一语定谳，为这件事下了结论，而且这个结论是明显倾向于祝家的。

本来钱谦益想息事宁人，让陈必谦出面解决问题，但可能他也没想到，他的话让丹阳学子们觉得自己的行为已经获得了常熟大佬的支持，于是大伙浩浩荡荡前往赵家。而平时被赵家"四大王"欺压过的常熟士民也一同汇集到队伍中，很快聚集起上千人。

一行人来到赵家时，显然缙绅会议的消息已经传到了赵家，赵士锦命家仆放锁闭门。但这对于群情激昂的学子完全没用，有几个人翻墙而入，打开门闩，人群一拥而入。

接下来的事便无人可制止了。丹阳学子和常熟士民将赵家抢拆一空，宅子顷刻被夷为平地。学子们在赵家地基上造坟埋葬了老师，完成了在三之节，王氏也大仇得报。

祝赵之变在明末为常熟一件大事，牵扯到邑中多家高门大户，事情以两败俱伤的方式结束，令人唏嘘。只是参与各方很快要面临一个更大的变故——甲申之变。明朝大厦将倾，清军铁骑即将征服大明王朝，各大家族也要重新洗牌。

◇ 尾声

祝家借此群体事件，着实出了一口恶气，但王氏清楚地知道，闹出这么大的事，得罪那么多缙绅大宦，祝家已经无法在常熟立足。王氏这位为夫复仇的奇女子，再度做出一个惊人的决定——将自家宅子夷为平地，带着三个儿子远走他乡，下落不明。

组织缙绅会议、主持公道的瞿式耜在大明最后时刻尽显英雄本色。南京陷落后，南明经历弘光、隆武几个政权，最终覆亡。南明隆武二年［清顺治三年（1646年）］，在广西巡抚任上的瞿式耜拥立朱由榔于肇庆登基，这便是正史中南明最后一位皇帝永历帝。瞿式耜为不可为之事，尽必须尽之忠，以兵部尚书守桂林，终因寡不敌众，城破殉国。日后，桂林人建祠以纪念这位大明朝的末路英雄，瞿式耜也完成了自己的在三之节。

常熟钱家，自钱谦益祖父钱顺时、叔祖钱顺德科举登第开始显赫，到钱谦益时达到顶峰，钱谦益成为江南士林领袖。可惜在南明弘光政权覆亡之时，作为士大夫榜样的钱谦益嫌水太凉，未全忠节，而是开城门投降清军。其后，虽然他也曾为反清复明奔走出力，但终归与世俗的"成功"无缘。康熙三年（1664年）五月，钱谦益病故，享年八十二岁。钱谦益卒后三十四天，柳如是不堪被钱家族人索取家产，亦自缢身亡。

赵士锦随后为朝中官员推荐，在家宅拆毁尘土未定的十二月初八，复出为工部员外郎，赴北京任职，亲眼见证了崇祯十七年（1644年）三月的甲申之变。赵士锦写下《甲申纪事》《北归记》。北京城破之时，共有二十一名文官为大明殉亡，包括东林党名臣倪元璐。同为东林党的赵士锦既没战死也没自杀殉国，而是被李自成军抓住，曾被选用为大顺官员。后来他逃脱大顺军控制，跌跌撞撞回到常熟乡下，曾一度被任命为南明弘光政权的水司员外郎，南明覆亡后不知所终。

明亡后，赵士春也在乡间归隐不出，入清三十年后去世。赵家经历过鼎革大变，最终归顺了清朝，重新参加政治活动，后来有赵士春孙子赵廷珪考取康熙三十九年（1700年）庚辰科三甲，赐同进士出身。

入清之后，赵家风评有所好转，后人也曾有过赈济灾荒、捐租田千亩的义行。清末，光绪帝师翁同龢在赵氏后人赵宗建墓志铭里，称赵同汇、赵元恺、赵奎昌"三世皆以义侠闻"。赵氏也得以被列入地方志"义行"中。看来，明末的国耻家难也让这个家族深深吸取教训，改换门风，方得以家门不败。

参考文献

史　料

《明实录》，中华书局2016年版。

〔明〕曹学佺著，福建省文史研究馆编：《曹学佺集》，江苏古籍出版社2003年版。

〔明〕董份：《泌园集》，文物出版社1987年版。

〔明〕董嗣成：《董礼部集》，文物出版社1987年版。

〔明〕龚立本：崇祯《常熟县志》，《江苏历代方志全书·苏州府部》第56—60册，凤凰出版社2016年版。

〔明〕顾天埈：《顾太史文集》，伟文图书出版社1977年版。

〔明〕胡继先辑：《郑鄤事迹》，《丛书集成续编》第31册，上海书店出版社1994年版。

〔明〕李乐：《见闻杂记》，江苏大学出版社2018年版。

〔明〕李清撰，顾思点校：《三垣笔记》，中华书局1982年版。

〔明〕栗祁修，〔明〕唐枢纂：万历《湖州府志》，齐鲁书社1996年版。

〔明〕茅元仪：《三戍丛谭》，《续修四库全书》第1133册，上海古籍出版社1996年版。

〔明〕祁彪佳：《宜焚全稿》，《续修四库全书》第492册，上海古籍出版社1996年版。

〔明〕沈德符撰，〔清〕金忠淳辑：《敝帚斋余谈》，清同治光绪间申报馆铅印本。

〔明〕汤宾尹:《睡庵文稿初刻》，明万历间李曙寰先月楼刻本。

〔明〕汤宾尹:《睡庵文稿二刻》，明万历间李曙寰先月楼刻本。

〔明〕文秉:《定陵注略》，台北伟文图书出版社1976年版。

〔明〕文秉:《烈皇小识》，《续修四库全书》第439册，上海古籍出版社1996年版。

〔明〕吴宗达:《涣亭存稿》，凤凰出版社2018年版。

〔明〕熊廷弼撰，李红权点校:《熊廷弼集》，学苑出版社2010年版。

〔明〕叶向高:《蘧编》，中国文史出版社2014年版。

〔明〕叶向高:《续纶扉奏草》，北京出版社1997年版。

〔明〕佚名:《民抄董宦事实》，江苏广陵古籍刻印社1986年版。

〔明〕张萱:《西园闻见录》，杭州古旧书店1983年版。

〔明〕郑鄤:《峚阳草堂文集》，《四库禁毁书丛刊》第126册，北京出版社1997年版。

〔明〕郑鄤编:《天山自叙年谱》，《明代名人年谱续编》第15册，国家图书馆出版社
2012年版。

〔明〕周念祖辑:《万历辛亥京察记事始末》，明刻本。

〔清〕抱阳生编著，任道斌点校:《甲申朝事小纪》，书目文献出版社1987年版。

〔清〕曹溶:《崇祯五十宰相传》，《丛书集成续编》第30册，上海书店出版社1994年版。

〔清〕计六奇:《明季北略》，中华书局1984年版。

〔清〕梁章钜撰，吴蒙校点:《浪迹丛谈 续谈 三谈》，上海古籍出版社2012年版。

〔清〕毛奇龄:《西河合集》，清康熙间书留草堂刻本。

〔清〕秦宗尧、〔清〕王同春纂修: 顺治《宁国府宣城县志》，顺治十年刻本。

〔清〕沈炳巽:《权斋老人笔记》，吴兴刘承干嘉业堂刻本。

〔清〕孙承泽著，李洪波点校:《畿辅人物志》，北京出版社2010年版。

〔清〕汤修业:《赖古斋文集》，《清代诗文集汇编》第371册，上海古籍出版社2010年版。

〔清〕孙奇逢:《孙徵君日谱录存》，《续修四库全书》第558、559册，上海古籍出版社
1996年版。

〔清〕汤修业:《郑鄤阳冤狱辨》,《丛书集成续编》第31册,上海书店出版社1994年版。

〔清〕汪曰桢:《南浔镇志》,江苏古籍出版社1992年版。

〔清〕佚名:《王氏复仇记》,《笔记小说大观五编》第6册,台北新兴书局有限公司1978年版。

〔清〕张廷玉等:《明史》,中华书局1974年版。

〔清〕郑澍若编:《虞初续志》,江苏广陵古籍刻印社1984年版。

〔清〕周衣德著,杨安利点校:《周衣德集》,黄山书社2009年版。

邓之诚著,邓瑞整理:《骨董琐记全编》,中华书局2008年版。

丁祖荫编:《虞山丛刻 虞阳说苑》,广陵书社2018年版。

著　作

陈宝良:《明代社会生活史》,中国社会科学出版社2004年版。

陈宝良:《明代士大夫的精神世界》,北京师范大学出版社2017年版。

刘俊文主编,栾成显、南炳文译:《日本学者研究中国史论著选译 第六卷 明清》,中华书局1993年版。

巫仁恕:《激变良民:传统中国城市群众集体行动之分析》,北京大学出版社2011年版。

谢国桢:《明清之际党社运动考》,上海书店出版社2004年版。

郑燮贤:《郑鄤传——解读明末惊天奇冤》,南京大学出版社2015年版。

郑燮贤:《郑鄤研究》,江苏凤凰文艺出版社2019年版。

中国历史研究社编:《东林始末》,上海书店1982年版,据神州国光社1951年版复印。

〔日〕小野和子,李庆、张荣湄译:《明季党社考》,上海古籍出版社2013年版。

〔日〕中岛乐章著,郭万平、高飞译:《明代乡村纠纷与秩序:以徽州文书为中心》,江苏人民出版社2019年版。

论　文

蔡惠琴:《从〈民抄董宦事实〉看明末乡宦与无赖集团之关系》, 载《暨南史学》第十九
　　号, 2016年。

陈冠梅、周嘉慧:《明末党争中的汤宾尹》, 中国高校人文社会科学信息网。

董玉兴:《从〈警世录〉看〈民抄董宦〉真相》, 载《上海地方志》, 2019年第4期。

樊树志:《党争漩涡中的郑振先郑鄤父子》, 载《文史知识》, 2013年第12期。

蒿峰:《明代的义男买卖与雇工人》, 载《山东大学学报 (哲学社会科学版)》, 1988年
　　第4期。

郝秉键:《晚明清初江南"打行"研究》, 载《清史研究》, 2001年第1期。

胡克诚:《明代江南逋赋治理研究》, 东北师范大学博士论文, 2011年。

李迎军:《明末宜兴民变研究》, 南京大学硕士论文, 2015年。

刘文华:《明代的地方吏民保留地方官现象:以崇祯七年苏松耆民诣阙乞留巡按祁彪佳
　　为例》, 载《苏州文博论丛》, 2013年总第4辑。

吕杨:《党争与乡评旋涡中的江南缙绅——明末郑鄤案考论》, 载《常州大学学报 (社
　　会科学版)》, 2019年第2期。

吕杨:《明朝末年宜兴民变考论》, 载《辽宁大学学报・哲学社会科学版》, 2010年第
　　2期。

牛建强:《明代奴仆与社会》, 载《史学月刊》, 2002年第4期。

牛建强:《明末士风的异变与社会》, 载《全球化下明史研究之新视野论文集》第一册,
　　2008年。

王洪伟:《董其昌"充讲官"与万历党争之关系》, 载《美术学报》, 2019年第5期。

吴建华:《"民抄"董宦事件与晚明江南的社区失范问题》, 载王卫平编:《明清时期江
　　南社会史研究》, 群言出版社2006年版。

吴建华:《"民抄"董宦事件与晚明江南社区的大众心态》, 载《中国社会经济史研究》,

2000年第1期。

吴新亮:《江南士绅与晚明道德秩序之重建》，苏州大学硕士论文，2009年。

吴耀明:《董其昌的生平和家世述论》，华东师范大学硕士论文，2010年。

叶静:《众怒难犯——万历四十四年董其昌抄家案》，载《小康》，2005年第5期。

俞士玲:《文书、书籍、印刷与纠纷社会史——以明末〈祝赵始末〉为中心》，载《南
　　京大学学报（哲学·人文科学·社会科学）》，2015年第3期。

郁婷婷:《董斯张研究》，上海师范大学硕士论文，2016年。

喻蓉蓉:《熊廷弼与东林——以南直隶提学御史任内杖杀诸生芮永缙事件为例》，载
　　《全球化下明史研究之新视野论文集》第二册，2008年。

张森:《科举资格限制下的中举之人》，载《文化学刊》，2010年第1期。

张显清:《明代官绅优免和庶民"中户"的徭役负担》，载《历史研究》，1986年第2期。

张显清:《明代土地"投献"简论》，载《北京师院学报（社会科学版）》，1986年第2期。

章红妃:《明清江南市镇雇佣群体研究》，浙江师范大学硕士论文，2013年。

［韩］吴金成:《明末清初江南的城市发展和无赖》，载陈怀仁编:《第六届中国明史国
　　际学术讨论会论文集》，黄山书社1997年版。

［美］赵结:《试论明代后期权势之家与中央及地方政治间的关系：董份与湖州之变》，
　　载张国刚编:《中国社会历史评论（第二卷）》，天津古籍出版社2000年版。

［日］岸本美绪:《冒捐冒考诉讼与清代地方社会》，载邱澎生、陈熙远编:《明清法律
　　运作中的权力与文化》，广西师范大学出版社2017年版。

［日］城井隆志:《明末、地方生员層の活動と党争に関する一試論：提学御史熊廷弼
　　の諸生杖殺をめぐって》，载《九州大学東洋史論集》，1982年第10卷。

［日］佐伯有一:《明末の董氏の變——所謂「奴變」の性格に關連して》，载《東洋史
　　研究》，1957年第16卷第1期。

后　记

　　这本小书的源起，是我的前一本著作《熊廷弼之死：晚明政局的囚徒困境》。老熊督学江南的时候，遭遇了一件由秀才闹事引发的江南缙绅家族之间的互害事件，也就是本书第二章的故事。

　　我从中发现了一个问题：明朝士大夫这个看似很牛的社会阶层，也会因为家族竞争、朝堂政治倾轧，被卷入不是你死就是我活的斗争中。

　　另一个偶然的机会，我在明代笔记中看到了一些耸人听闻的事件，比如王世贞《弇州史料》中的"缙绅惨祸"一条记录了缙绅的一系列杀身之祸。有前监察御史被童仆出卖，遭强盗杀害；有兵部主事因地方仇怨，被仇人入家劫杀，开肠破肚；更有退休知府因贪图他人田地，强买强卖，对方假意同意，然后寻机将知府主仆二人绑票，逃到海上后，以残酷的手法将二人凌迟，割下来的肉用盐腌渍，惨不忍睹。

　　在由儒家士大夫把持的传统历史书写中，我们一般很少能看到和平时代如此暴虐的杀戮。或许是儒家士大夫刻意为我们描绘了一幅文明祥和的民间图景。但实际上，即使在文明程度最高的江南地区，仍然有盗匪横行，杀人越货司空见惯，野蛮仍然是那个时代的底色。

而当我再看到明人李乐《见闻杂记》中的"江南五事变"一条，更加对那个时代士大夫阶层难以被撼动的社会秩序产生怀疑。李乐是本书第一个故事"董范之变"的主角董份的朋友，也是董家事变全程的参与者。

这些关注，让我带着强烈的兴趣走进晚明——那个危机暗藏的社会，去看看彼时彼地，到底发生了什么，竟然能让一贯高高在上的缙绅们落得个步步惊心的下场。

过去，历史书写更多关注朝堂，即政治、军事、经济这些大视野，以及大格局中的人和事，而很少关注民间社会的细节、小人物，也就是说中国历史的微观角度一直有所不足。

因此，我也想通过这些事件，为读者们带来真切的、鲜活的、立体的明朝社会百态。我希望你能和我一样，去感受四百年前曾经生活在这个世界上，那些有血有肉的奴仆、佃户、雇工、泼皮、流氓、书生和孤儿寡母们的喜怒哀乐、爱恨情仇。

在这个过程中，我大量阅读古籍，从明代官修史书、地方志、当事人的奏本书信、文人笔记中寻找每一条无法忽视的线索，力图最大限度还原那些真实的人物故事。

另外，我还从现当代学者们的著述、论文中获得了很多养分与启发。如谢国桢、吴晗等大师对晚明奴变的研究，巫仁恕先生所著的《激变良民：传统中国城市群众集体行动之分析》，陈宝良先生一系列关于明代社会、士大夫的著作，日本汉学家佐伯有一、城井隆志等人的明史研究，等等。

由于本人水平有限，这部作品难免挂一漏万，恳请师友、读者们以批判的眼光阅读，不吝批评指正，纠错补缺。

在这本书的写作过程中，我有幸得到了许多人的帮助，在此我非常感谢杨津涛、王戡、李夏恩、陈曦等师友，为我提供宝贵史料和批评指教；感谢出版人肖风华以及他的团队对历史非虚构写作的大力支持；感谢广东人民出版社的编辑认真负责地审阅，他们提供了具有极高专业水准的修改意见。

最后，我要感谢父母，他们的关心是我一直坚持写作的动力。还要感谢妻子，她除了在生活中照顾我，还一直催促、鼓励我继续在历史写作上百尺竿头更进一步。还少不了小女时隐时现的鞭策：爸爸，你的新书写得怎样了？你们都是我写作的力量源泉。

唐元鹏

2024 年 6 月